Hans Thoma · Im Winter des Lebens

D1734337

Hans Thoma

Im Winter des Lebens

Aus acht Jahrzehnten

gesammelte Erinnerungen

Herausgeber: Landkreis Waldshut
und Gemeinde Bernau
Redaktion: Dr. Jürgen Glocker
Herstellung: Edition Isele, Eggingen
Umschlagmotiv: *Bäuerin* (1861)
Copyright der Abbildungen:
Deutsche Verlags Anstalt, Stuttgart;
Hans Geiszler-Thoma und
Uta Wichers, Hamburg
ISBN 3-86142-130-5

Zur erweiterten Neuauflage

Hans Thoma ist – neben den Brüdern Franz Xaver und Fidel Herrmann Winterhalter – der bedeutendste bildende Künstler, den der Landkreis hervorgebracht hat. Im Jahre 1989, am 2. Oktober, jährte sich sein Geburtstag zum 150. Mal. Die Schwarzwaldgemeinde Bernau, in der Hans Thoma geboren wurde, in der er aufwuchs und in die er zeit seines Lebens immer wieder zurückkehrte, und der Landkreis Waldshut nahmen dieses Jubiläumsdatum zum Anlaß, um eines der wichtigsten Bücher, die uns Hans Thoma hinterlassen hat, von neuem aufzulegen und damit für die Öffentlichkeit erneut zugänglich zu machen.

Hans Thoma war nicht nur einer der bedeutendsten deutschen Künstler des 19. Jahrhunderts, er war nicht nur ein großer Maler und Grafiker, sondern auch ein Schriftsteller von Rang, und gerade sein literarisches Œuvre vermag viel zum Verständnis des Künstlers Hans Thoma und seines Werkes beizutragen. Während aber seit vielen Jahren zum Teil sehr aufwendig ausgestattete und illustrierte Publikationen über Hans Thoma im Buchhandel erhältlich sind, suchte man nach den Texten Thomas lange Zeit vergeblich, sie sind längst vergriffen. Die Neuauflage des Buches »Im Winter des Lebens«, das 1919 erstmals erschienen ist, wollte dazu beitragen, diese Lücke zu schließen, und wollte zugleich dazu anregen, sich aufs Neue mit dem großen Sohn Bernaus zu beschäftigen.

Unsere Neuauflage aus dem Jahr 1989 fand eine äußerst positive Resonanz, und so nimmt es nicht wunder, daß auch sie relativ rasch vergriffen war. Um so größer ist unsere Freude, daß wir nun – im Vorfeld des 160. Geburtstags Hans Thomas am 2. Oktober 1999 – die zweite, erweiterte Auflage der Öffentlichkeit präsentieren können. Wir freuen uns insbesondere auch darüber, daß wir die neue Auflage mit einem Anhang ausstatten konnten, in dem die wichtigsten Werke Hans Thomas, die sich im Bernauer Thoma-Museum befinden, abgebildet sind. Finanziert wurde die neue Auflage nicht nur durch finanzielle Beiträge der Gemeinde Bernau und des Landkreises Waldshut, sondern vor allem auch durch zahlreiche Sponsorenbeiträge. Wir danken Herrn Dr. Karl F. Becker (Bernau), der Bezirkssparkasse St. Blasien, Herrn Prof. Dr. Albin Eser (Freiburg), Herrn Bruno Kaiser (Bernau), Herrn Josef Kaiser (Bernau), Frau Kristine Kolbecker (Gaggenau), Herrn Hans Mayer (Waldshut-Tiengen), Herrn Ulrich Raabe (Freiburg), Herrn Ernst Spiegelhalter (Bernau), Herrn Edwin Thoma (Bernau), Herrn Hans Thoma (Bernau) und der Volksbank Rhein-Wehra (Bad Säckingen).

Danken möchten wir insbesondere dem Eugen Diederichs-Verlag in München für die freundliche Erteilung der Druckgenehmigung sowie der Deutschen Verlagsanstalt, Stuttgart, Frau Uta Wichers und Herrn Hans Geiszler-Thoma aus Hamburg für ihr großzügiges Einverständnis zur Wiedergabe von Werken Thomas sowie der Edition Isele für die gute verlegerische Betreuung. Unser Dank gilt nicht zuletzt dem Kulturreferenten des Landkreises, Herrn Dr. Jürgen Glocker, der die Redaktion der Neuedition übernahm.

Wir wünschen der zweiten Auflage unserer Neuedition zahlreiche interessierte Leser.

Dr. Bernhard Wütz
Landrat

Heinz Walter Kistler
Bürgermeister

1

In seinem letzten Buche: »Feierabend« schreibt der Pfarrer Hansjakob gar lieb über mich und gedenkt unserer kurzen Altersfreundschaft. Er sagt auch, daß er mich ermuntert habe, meine Lebensgeschichte vom Wälderbübli bis zur Exzellenz zu schreiben, ein Hans-Thoma-Büchle für das Volk; daß, wenn er jünger und öfters um mich wäre, er mir keine Ruhe lassen würde, bis ich dies Volksbüchlein schriebe.

Ich lernte Hansjakob nicht früher als im August 1911 persönlich kennen, und zwar zufällig, indem wir uns im Gasthaus St. Blasien trafen; ich besuchte ihn dann im Pfarrhaus in Freiburg, wo er mich und meine Schwester im Kreise einiger Freunde und Freundinnen gar gastlich köstlich am Mittagstisch bewirtete, er war von warmer Herzlichkeit gegen mich – wie sie nur ein tieferes Seelenverständnis – eine Wesensverwandtschaft, die über dem persönlich Trennenden Verschiedenen der eignen Art eine Brücke schlägt, hervorbringen kann, – eine Freundschaft, wie sie zwischen in hohem Alter stehenden Persönlichkeiten ganz besonders schön sein kann.

Hansjakob hat mit großer Bedächtigkeit sich sein eigen Grab gebaut, ja man könnte fast sagen, daß er mit einer gewissen Behaglichkeit um die ihm werdende Ruhestätte herumgeflattert ist. Wenigstens hat er mir ernstlich zugeredet, ich solle mich doch nicht in der Stadt begraben lassen, sondern ich soll mir eine Ruhestätte auf dem Bernauer Gottesacker gründen – der allerdings sehr schön liegt. Nun mußte ich gestehen, daß ich nie viel Sinn hatte dafür, was mit meinem Staubleib nachher geschieht. Wenn man achtzig Jahre die Unruhe des Lebenswillens mitgemacht hat, so soll man froh sein, wenn man zur Ruhe kommt – beim Abschied den Staub abschüttelt, ihn irgendwo wieder der Erde zurückgibt. Hansjakob war eine Kämpfernatur und hatte eine Künstlerseele – er war eine tiefempfindende von reichem Leben bewegte Natur, kein Wunder, daß er sich in Sehnsucht nach Frieden sein Grab baute.– Nun ruht er dort!

Sein Wort: »Schade! Wenn ich jünger wäre und öfters um den jungen Altmeister, würde ich ihm keine Ruhe lassen« – kommt jetzt aus dem Grabe. Haben nicht auch die abgeschiednen Seelen noch Macht über die noch im Leibe wandelnden? »Ich würde ihm keine Ruhe lassen« klingt mir gar merkwürdig, so daß ich es jetzt noch unternehmen will, schon nahe an des Grabes Rand stehend, eine Art von Lebensbild zu entwerfen – geb' Gott wie weit ich damit komme. Aus alten Erinnerungen will ich es weben, auch aus alten noch vorhandenen Aufzeichnungen, die ich spärlich besitze. Ich habe meine Tagebuchaufzeichnungen fast immer, wenn ich sie später durchsah, als unnötiges Zeug vernichtet. Ob ich nun an ihrer Ehrlichkeit zweifelte oder auch manchmal an ihrer ungeschminkten Ehrlichkeit mich ärgerte – warum soll man denn Sachen ausbreiten vor andern, die man selber gern vergessen möchte? Da ich mich aber einmal entschlossen habe zu schreiben, muß ich halt meine Worte so mischen, wie es mir notwendig scheint, um andern verständlich zu sein.

Hansjakob hat es gut erraten und in seinem »Feierabend« auch verraten, daß ich auch jetzt noch die Schüchternheit des Wälderbüblis nicht ganz abgelegt habe.

Schüchternheit ist gewiß keine Tugend, sie ist eine Schwäche, der Schüchterne leidet unter dem Gefühl, daß er durch sein Dasein andre belästigen könnte und er meint leicht, daß er sich entschuldigen müsse, daß er auch da ist und Platz beanspruchen muß.– Schüchternheit ist aber doch eine schöne Seeleneigenschaft, aus der die zarte Rücksichtnahme auf die andern erwächst – sie ist somit ein guter Nährboden für die Gewissenhaftigkeit.

So ein Büble, welches in der Einsamkeit eines abgelegnen Schwarzwalddorfes aufgewachsen ist, ist gar oft ein rechter Fürchtebutz, er sieht leicht Gespenster und vor fremden Menschen hat er eine natürliche Scheu, er fürchtet von ihnen eine Störung seines friedlichen Seins, er traut der Sache nicht – er ahnt, daß es nicht so ganz sauber ist in den Zuständen, die im Menschenleben herrschen – denn die Menschen sind in ihrer Begehrlichkeit stets bereit, einander den Frieden zu rauben im Kleinen wie im Großen – das ist der Weltlauf, – das ist das Leben.

Je einsamer so ein Wälderkind aufwächst und je mehr es zu seinem Schutze an der Schürze der Mutter hängt, um so scheuer wird es den Menschen gegenüber sein, ja manchmal empfindet es schon den Vater als Menschen. Ich entsinne mich noch gut, welchen Eindruck mir das Wort Mensch gemacht hat als ich es als Kind in einem Gespräch zwischen Erwachsenen das erstemal hörte, sie sprachen von hinterlassenen Spuren, die nicht von einem Tier, sondern von einem Menschen herrührten. Ein Mensch, das war meiner Vorstellung etwas seltsam Unheimliches, mit dem ich nicht zusammenkommen möchte.– Es ist lange gegangen, bis ich erfuhr, daß auch ich ein Mensch sei; auch später im Leben war es mir immer am wohlsten, wenn ich gar nicht daran dachte, daß ich ein Mensch sei. Doch man gewöhnt sich an alles – nur beschleicht mich jetzt ein ähnlich unheimliches Gefühl, wenn ich von Übermenschen höre.

Ein Stadtkind, ein Bürschlein aus einer Industriegegend mag wohl diese Schüchternheit nicht haben, der Umgang witzigt es, es muß bald wehrhaft werden und so wird es frech und hat keine Furcht vor den Menschen – so wird auch das Gefühl, das wir Ehrfurcht nennen, es nicht leicht übermannen, ja es kommt wohl dazu, als Zeichen seines Widerstandes, als Symbol selbstbewußter Ichheit seinem Gegenüber die Zunge auszustrecken.

Aber beide Bürschlein müssen sich durch das Leben hindurcharbeiten – sie müssen Lehrlinge werden, was bekanntlich auch der Teufel, der alle Stände ausprobierte, als einziger nicht aushielt – – da ändern sich gar oft die Verhältnisse – man weiß, daß Schüchternheit gar leicht in trotzig tapfern Mut umschlagen kann, daß so ein Hasenfuß auf einmal seinen Mann stellt – so daß man sagt: Stille Wasser sind tief – auch da noch, wo manchem Frechdachs das Herz weit hinunterfällt. Der Wind des Lebens wirbelt eben gar seltsam Korn und Streu durcheinander. Die Romanschreiber haben es da gut, sie brauchen nur hineinzugreifen in den Wind des vollen Menschenlebens.

So will auch ich nun tun und will dir, du alter Schwarzwäldergeist, der jetzt vom Grabe her mahnt, nun folgen, will auch alle Schüchternheit ablegen, will erzählen und sagen, daß auch ich noch da bin.– Sich erinnern, erzählen, auch ein wenig fabulieren darf doch das Alter – die Kinder hören es gerne, diese Zuversicht muß das Alter haben, sonst schweigt es und setzt sich still auf die Ofenbank und zwirbelt die Daumen übereinander.

Das Leben ist keine freiwillige Sache, es ist Zwang wie es uns gegeben, wie es uns genommen wird – darum sagen wir: »Unser Leben steht in Gottes Hand«.

Ich will mich nun bestreben, in dem was ich über mich und mein Leben sage, so wahrhaftig zu sein – wie es mir paßt. Ich will mich auch bestreben, nicht in den immerwährenden Fehler zu verfallen, der manchem Deutschen anhängt, wenn er sich in der Öffentlichkeit bemerklich macht – daß er meint, in gesteigertem Wahrheitsgefühl auf dies und jenes schimpfen zu müssen, was ihm im Wege steht – oft auch auf das, was er nicht kennt; er müßte jetzt so recht einmal seine Meinung sagen etwa nach einer Formel, die so lauten könnte: Im Deutschen schimpft man, wenn man die Wahrheit sagt. Das ist aber freilich nicht immer der Fall, daß der, welcher schimpft, die Wahrheit sagt.

Ich werde nun sicher nicht in solchen Fehler verfallen, schon deshalb nicht, weil ich ja über mich selber schreibe und ich mich doch nicht selber herunterputzen will, indem ich mir schimpfend die Wahrheit sage – die Gefahr, die näher liegt, mich selber heraufzuputzen, will ich so gut, als ein Rest von Eitelkeit, der mir vielleicht im achtzigsten Lebensjahr noch geblieben sein sollte, es erlaubt, entgegenarbeiten. Beruf, andern die Wahrheit zu sagen, habe ich nie in mir gespürt.– Ich hatte immer zu viel Respekt vor der Wahrheit, als daß ich sie dem und jenem an den Kopf werfen möchte. Wo ich nur kann, werde ich die Bravheit der Deutschen loben, die freilich mancher Urdeutsche Philistrosität nennt, ich habe jederzeit sein treuherziges Micheltum gern leiden mögen, ich habe sogar manchmal gemeint, daß er die festen Grundlagen seiner Kultur auf sein Micheltum aufbauen könnte, auf seine Treue und Ehrlichkeit, auf seine Gutmütigkeit und Gerechtigkeit, auf seine Deutlichkeit d.h. Deutschheit, so recht aus seinem Volkstum heraus.

2

Bernau, wo ich am 2. Oktober 1839 zur Welt gekommen bin, ist um den Johannestag herum ein von Blumen- und Honigduft erfülltes hochgelegenes Wiesental, von braunen Forellenbächlein durchzogen, die alle als Alb nach Osten ziehen, es liegt südlich vom Herzogenhorn, ein Kranz von Bergen, so gelagert, daß sie das Tal nicht einengen, umgibt es mit dunkeln Tannen. An das Herzogenhorn schließt sich das Spießhorn an, dann östlicher der Kaiserberg und der Steppberg, dann das Albtal St. Blasien zu, südlich der Rechberg, dann der Oren, der Farnberg, dann die Todtmooserstraße, der Hochkopf, im Westen der stattliche Blößling, zwischen dem und dem Herzogenhorn die Wacht, die Wasserscheide der westlich ziehenden Wiese und der östlich ziehenden Alb; über die Wacht führt die Straße nach Schönau.– Durch das stundenlange breite Tal reihen sich die mit Schindeln gedeckten braunen Holzhäuser, bilden in dem grünen Tal einzelne Dorfgruppen, in deren mittleren sich die Kirche befindet. Bei der etwa 900 Meter Höhe, in der sich das Tal befindet, ist der Winter recht lang und sehr schneereich.– Schön sind die zahlreichen Kuh- und Ziegenherden, welche den Sommer über an den Berghalden hin weiden – die Viehzucht spielt im Erwerbsleben eine Rolle neben der Holzwarenindustrie, die in fast allen Häusern betrieben wird.–

Das ungefähr ist die Örtlichkeit, in der sich mein Kindheitsparadies abgespielt hat – die für Kinder dort geschaffenen Paradiesesfrüchte sind die Heidelbeeren, Erdbeeren, Himbeeren, Brombeeren, Preiselbeeren; von denen wir alle essen durften, das war gut! Zwischen hinein sangen wir unsre Beeriliedli. Z.B.

> Beereli, Beereli hei goh
> 's Beerimännli isch zu ins cho
> 's hat is alle Beeri gno
> 's Böuchli voll, 's Gratteli leer,
> Weil Gott, daß i daheim wär.

Aber auch neckisch klang eines, das es auf den Bannwart, den Bammert, den von den Kindern gefürchteten Feld- und Waldhüter, abgesehen hatte.

> Beeri Beeri Tschare
> De Bammert goht go jage
> Er hocket hinter de Hecke
> Er möcht is d'Ohre strecke.

Gar gern möchte ich nun dem geneigten Leser einen schönen Wiesenblumenstrauß pflücken oder eine Handvoll duftiger Beeren reichen aus meinem Kinderheimattal, welches oft noch in meiner Erinnerung wie ein goldenes Glück vor mir schwebt. Ich möchte damit den Leser bestechen, daß er mir gerne folgt vom Blumengeruch angelockt, daß er auch mitgeht, wenn er merkt, daß es nicht immer so durch Blumenauen geht im Lebenslauf, sondern manchmal auch durch Sorge, Not und Leid und Schmerzen und Dunkelheit, aus denen eben auch alle Himmelschlüsselblumen hervorwachsen müssen, wie die natürlichen aus dem moderbraunen Ackergrund. Aus dem Modergeruch der Verwesung ziehen die Blumen und Beeren ihr Wachstum und bereiten mit der Gnade des Himmelslichtes durchaus ihre Wohlgerüche und Süße – auch die Pflanzen haben ihre Seele, welche jede nach ihrer Art zu Form, Farbe, zu Blüte und Frucht sich gestaltet – so hat auch die göttliche Seele aus Erdenmasse das vergängliche Gehäuse des Menschen gebildet. Nun ist es wohl Aufgabe der Seele, dies ihr Haus durch alle Fährlichkeiten des Daseins

Bernau-Oberlehen (Algraphie, 1898)

zu erhalten, vor den unheimlichen Mächten zu schützen, die ihm Vernichtung drohen. Das ist des Lebens Lauf.

3

Nun will ich aber in sachlicher Art und, so viel ich es kann, der Zeitfolge nach erzählen und da meine ich, daß ich einen guten Anfang finde, wenn ich meine Gedanken nach der Mutter hin wende, daß, wie mein Leben von ihr seinen Ursprung genommen auch diese Erzählung von meinem Leben in ein richtiges Geleise kommen könnte, wenn ich bei der Mutter anfange.

In der Nacht vom 2. zum 3. Oktober 1839 kam ich zur Welt. Meine Mutter starb am Vorabend ihres dreiundneunzigsten Geburtstages, den 23. Februar 1897 in Frankfurt – sie ist geboren am 24. Februar 1804 – ich stand also etwa 60 Jahre unter ihrem Schutz – denn sie betrachtete mich, als ich schon einen weißen Bart hatte, noch immer als ihren Bub, den sie gerne auf Schritt und Tritt behüten wollte. Sie hat erzählt, daß ihr dies hohe Alter von Nachbarsleuten prophezeit worden sei. Infolge eines Falles, den sie durch Unaufmerksamkeit einer sie hütenden Person als einjähriges Kind machte, wurde sie schwer krank und lernte erst im vierten Jahre gehen. Weil sie das überstanden, prophezeite man, daß sie ein steinaltes Weiblein würde.– Weiblein, denn sie ist recht klein geblieben. Ihre Eltern waren Franz Joseph Maier, der aus Menzenschwand nach Bernau kam, und Agathe Langenbacher, die Ochsenwirtstochter von Höchenschwand. Ihr Vater war Uhrenmacher, ein stiller frommer Mann, an dem seine zahlreichen Kinder mit inniger Liebe hingen.– Meine Mutter hat viel von ihm erzählt – von seiner friedlichen Art und dem glücklichen Familienleben.– Am Abend, wenn er den Werktisch aufgeräumt hatte, so drängten sich die Kinder um ihn auf die Ofenbank. Er mußte dann Geschichten erzählen vom ägyptischen Joseph, von der Genoveva, er wußte gar viel Geschich-

Bei den Schulaufgaben (Radierung, 1919)

einem alten, mir sehr ehrwürdig erscheinenden Schulmeister war, besuchte ich ihn öfters – er unterrichtete mich. Ein etwa zwei Stunden langer Weg, meist durch Wald, führte nach Herrenschwand – ich war etwa elf Jahre alt, und eine nicht unangenehme Bangigkeit vor dem Waldesdunkel und den in ihm möglichen Begebenheiten begleitete mich.– Mein Bruder war ein frischer lebhafter Mensch – blondhaarig und blauäugig – er war ein eifriger Turner – er hatte auch dichterisches Talent – er sehnte sich aber sehr aus der Enge des Schulmeistertums hinaus, er wollte voll Wagemut in die Welt hinaus und hatte eine Zeitlang den Plan, durch Basler Beziehungen veranlaßt, Missionar zu werden. Es kam aber anders, er hatte schon längere Zeit Schmerzen in der linken Hüfte, die wurden nun so arg, daß er seine Stelle aufgeben mußte, er kam im August 1851 heim und lag dann an einer Hüftgelenkentzündung unter meist fürchterlichen Schmerzen zu Bett – bis ihn am Sonntag, 20. Juni 1852, der Tod erlöste.– Wir standen um sein Sterbebett, als gerade an einem sonnighellen Nachmittage die Nachbarsleute vor dem Kreuz vor unserem Haus, wie es an Sonntagen gebräuchlich war, ihren Rosenkranz beteten.

Was meine Mutter gelitten hat die ganze Krankheit hindurch, will ich nicht beschreiben.– Sie kam die ganze Zeit über nie mehr ins Bett – sie war seine Pflegerin – und so legte sie sich auf die Ofenbank in der Stube des Krankenlagers. Dabei gerieten wir in die drückendste Armut. Während seiner Krankheit wurde er zum Hauptlehrer ernannt. Die Hoffnung meiner Eltern war zerstört.–

Zur nähern Kennzeichnung dieses tiefveranlagten Jünglings möge hier die von ihm auf seinem Schmerzenslager selbst verfaßte Grabschrift Platz finden.– In seinen schmerzfreien Stunden las und schrieb er, so ist außer dieser Grabschrift noch manch anderes Gedicht entstanden. Die Schrift wurde auf eine Tafel geschrieben und an einem Holzkreuz auf sein Grab gesetzt:

Pilgrim hier steh und lies, glaub es, es ist gewiß
Was dir aus dieser Gruft ein Heimgegangner ruft,
Es lebt ein Gott in Ewigkeit. Auch du wirst ewig leben,
Dem Guten wird dort hohe Freud, dem Bösen Angst und
Beben.
Sieh in die Gruft, beschau mich nur. Was ich bin, wirst du
werden;
Mein Geist ist höherer Natur mein Leib nur Staub und
Erden.
Was hilft jetzt Schönheit mir und Geld? Was Ehre, Macht
im Grabe?
Das braucht man nicht in jener Welt, ist alles fahrend
Habe.
Ach Mitmensch, werde klug, denk an den schnellen Flug
Von aller Erdenfreud, denk an die Ewigkeit.
Leb fröhlich rein und still, tu nur was Jesus will,
Den Nächsten lieb in Gott trotz allem Hohn und Spott.
Geschwistern, Eltern, Freunde weint nicht über mich,
Wein, jedes über sich; ihr lebt ja noch im Lande,
Wo Tod und Sünde ist. Geht stets den Pfad der Tugend,
Übt Recht, das ihr ja wißt.– Schnell ist der Lauf der Zeit,
Bald komm ich euch entgegen, führ euch zur Ewigkeit.

Ostern 1853 kam ich aus der Schule – ich war ein guter
Schüler, war in allen Fächern immer der Erste – nur Lehrers
August wetteiferte im Range hier und da mit mir. Der Lehrer
hieß Joseph Kraft, und er waltete eifrig seines Amtes. Freude
machte es ihm, daß ich Sinn hatte für deutsche Sprachlehre –
die für die andern Kinder etwas sehr Überflüssiges schien, an
Prüfungen bestritt ich die Kosten dieses Faches meist ganz
allein; mit meinen Aufsätzen war man auch sehr zufrieden.
Wir hatten, wie es sich gehört, alle Achtung vor dem Lehrer,
der ein mildes Regiment führte, nur wenn er seine Geige holte
und uns das Singen einübte und uns vorsang, konnten wir das
Lachen kaum zurückhalten, er sang nämlich ganz unglaub-
lich falsch.

4

Das Revolutionsjahr 1848 ist mir noch gut in Erinnerung. Mein Vater hoffte, wie alle armen Leute, viel Gutes von der Revolution. Der Name Hecker war in aller Munde. An Fastnacht wurde im Herrschaftswald eine hohe Tanne geholt und mit Musik wurde auf dem Platz im Oberlehn die Freiheitsfahne aufgerichtet; sie wurde später von den Württemberger Soldaten umgehauen.

Hecker mit seiner Schar zog durch Bernau vom Bodensee herunter. Wir Buben spielten Freischärler und Soldaten und zogen im Tal herum, schmarotzten wohl auch an den Wirtshäusern, wo besonders der Adlerwirt uns Wein spendete. Die erwachsene Mannschaft schmiedete in der Schmiede ihre Sensen gerade an die Stiele. Einer der gutmütigsten Menschen, der Sägerkarle, machte die grausigste Waffe, er machte an einem langen Schaft die Sense aufgerichtet und dahinter links und rechts zwei scharfe Sicheln, dabei erklärte er uns Buben, wie er zuerst in die Feinde hineinstechen und dann mit den beiden Sicheln noch andere Feinde links und rechts mitten durchschneiden wolle. Wir bewunderten den Held. Mein Vetter Alisi hämmerte ein wenig an seiner Mistgabel herum, machte einen langen Stiel daran und meinte, das sei auch genug, die Feinde abzuhalten und ihnen Schaden zu tun. Was der Karle übriglasse, das wolle er besorgen. Auf dem Platz fanden Exerzierübungen statt; einmal rückte auch ein ganzer Zug Sensenmänner von Bernau unter Trauern und Weinen der Frauen ab nach Todtnau – dort erfuhren sie, daß es in Kandern mißlich gegangen sei. Da kamen in der Nacht alle wieder einzeln und still nach Hause.

1849 wurden Gewehre an das Volk verteilt, und da ging erst recht das allabendliche Exerzieren los.

Es ging aber nicht lange, da ritt ein preußischer Ulan ins Tal und alle Waffen mußten abgeliefert werden; ich besaß ein Gewehr mit einer Feder, die einen Pfropfen vorn herausschleuderte und einen blechernen Säbel mit einer Scheide –

dieser Besitz hatte mich berechtigt, bei unsern Spielen jederzeit den Hecker vorstellen zu müssen. Auf dem Heuboden
fand ich ein Versteck für meine Waffen, die wohl kein Preuße
entdeckt haben würde, aber ich sah täglich nach, ob meine
Waffen noch vorhanden seien.

5

Gezeichnet habe ich, solange ich mich zurückerinnern kann,
als Kind schon lange ehe ich in die Schule ging, ich saß am
Boden und kritzelte auf einer Schiefertafel herum, dann lief
ich zur Mutter, die mußte es mir sagen, was all das sei, was ich
da gemacht habe, sie war unermüdlich mit ihrem Erklären;
bald sah sie in den Strichen ein Pferd, eine Kuh, ein Schwein,
einen Has, einen Hahn, der auf dem Gartenzaun krähte – das
sah ich dann auch und so wurde mein Gekritzel nach und
nach etwas Gewolltes, so entstand ein Pferd, das sich deutlich
von dem Schwein, das mir vorher gelungen war, unterschied.
Allerdings kam der Nachbar Kritikus, ein Mann, der ganz mit
seiner Tabakspfeife verwachsen schien – ein Mann, der für
eine Schwarzwälderseele sehr frivol war, da er aussprach, es
sei ihm ganz recht, wenn er in die Hölle komme, man dürfe
doch dort jedenfalls rauchen – dieser Kritiker fand, daß das,
was ich gezeichnet habe, kein Pferd sei, sondern ein Esel, weil
es zu lange Ohren habe. Das hat mich tief gekränkt. Ich war
also nicht so unempfindlich gegen Kritik, wie man später oft
behaupten wollte. Als ganz kleines Kind saß ich oft still in
einem Stubenwinkel und schnitt mit der Schere aus zusam-
mengelegtem Papier Ornamente, deren Regelmäßigkeit mich
sehr erfreute. Ein ängstlicher Hausierer schimpfte, daß man
so unvorsichtig sei, einem so kleinen Kinde eine Schere zu
lassen. Dieser Eingriff in meine Liebhaberei brachte mich
ganz aus der Fassung. Zum Josephstag, dem Namenstag
meines Vaters, zeichnete ich für ihn eine Spielkarte ab, den
Hündlebub, einen der vier Buben aus der deutschen Karte, der

einen Hund neben sich hat – das wird in meinem fünften Lebensjahr gewesen sein, ich weiß es nach einem bald nachher stattfindenden Wohnungswechsel. Mein Vater hatte überhaupt große Freude an meinem Zeichentalent, das ich auch während der Schulzeit fortsetzte. Sonntag nachmittags steckte er die Zeichnungen zu sich, um sie den Nachbarn zu zeigen, so kann ich mir ihn jetzt noch lebhaft vorstellen, wie er nach dem Nachbarhaus hinschritt; er trug eine weiße Zipfelkappe, was damals ziemlich gebräuchlich war. Er soll auch bei den Nachbarn prophezeit haben, daß aus seinem Johannesle einmal etwas Rechtes werde.

Als die Schulzeit vorbei war, kam die Frage, was nun aus mir werden solle – meine Eltern waren mittellos – ein wenig Hoffnung baute man auf mein Zeichentalent. Das ist ja meist eine schwere Sorge für Eltern, was nun aus dem Schulentlassenen werden soll.

Eine Schwester meiner Mutter war als Krankenwärterin im Spital in Basel, sie war protestantisch geworden und stand mit der Baseler Mission in einiger Verbindung. Sie kam, wie so viele Schwarzwälder Mädchen, nach Basel in die Fabrik. Dort wurde ein Arzt auf sie aufmerksam, da sie sich so tapfer hilfsbereit benahm, als einer Mitarbeiterin von der Maschine der Arm weggerissen wurde, und alle anderen entsetzt wegliefen. Dieser Arzt veranlaßte sie, Krankenwärterin zu werden. Sie war eine bibelgläubige, fromme Seele, dabei in ihrem Wesen nicht weichlich, ja eher hart zu nennen – ihr jahrzehntelanger Dienst, auch bei der Irrenanstalt, war auch gar hart, und so lernte sie das Leben fast nur von der Seite des Leidens, der unerbittlichen Pflichterfüllung kennen.

Sie war keine unbedeutende Persönlichkeit. Davon zeugen ihre hinterlassenen Aufzeichnungen, in denen sie einen Lebensabriß gibt und besonders ihre religiöse Verfassung schildert. Sie war eine tief religiöse Natur, vielleicht weil so etwas Familienerbteil war – es war innerliche Frömmigkeit, der die gewohnten Formen nicht mehr genügten, so daß ihre suchende Seele im Evangelium ihren Halt fand. Es ist übrigens die gleiche unbefriedigte Seelenunruhe, die auf religiösem Sinn beruht, welche auch Mitglieder protestantischer Konfession zum Übertritt zum Katholizismus bewegt.

Das Büchlein der Marie Maier habe ich erst vor ein paar Jahren vom Hausvater des Hardthauses bekommen. Marie hatte dort ein Altersasyl gefunden und hat wohl ihr Büchlein dort geschrieben. In ihrem christlichen Eifer war sie bemüht, die Glaubensruhe, die sie beglückte, auch ihren Geschwistern zuteil werden zu lassen. Sie schickte Bibeln und andere Schriften an sie, die nicht ohne Einfluß auf ihr religiöses Leben geblieben sind.

Ein Bruder meiner Mutter, der mit zahlreicher Familie in einem kleinen Häuschen wohnte, zog sich seiner evangelischen Gesinnung wegen, die er gar nicht verheimlichte, Verfolgungen zu, so daß er von Bernau wegzog. Er war Uhrmacher, Mechaniker, hatte viel Sinn für Musik, er wurde Klavierstimmer, reparierte auch Orgeln, machte Versuche im Holzschnitzen und Malen. Er war von hartköpfiger lutherischer Bibelgläubigkeit, und wenn er später Bernau besuchte, kam er jedesmal in heftige Diskussion mit dem älteren Bruder, dem Franztoni, der war mehr eine Philosophennatur – freigeistig gerichtet –, der dann dem Franzsepp und seinem starren Bibelglauben stark zusetzte. Ich als Bub hörte dem Streit immer mit großem Interesse zu, gab aber meist im stillen den Vernunftgründen des Philosophen recht. Franztoni in seinem milden Sinn wollte es nicht begreifen, daß Gott die armen Sünder von Menschen, die er ja selber so erschaffen hat, für ihre Fehler der ewigen Verdammnis überliefern sollte, so verteidigte er die katholische Lehre vom Fegfeuer, einem Läuterungsort der Seele. Da wurde aber Franzsepp sehr heftig: ein Mittelding gibt's nicht, da heißt's: entweder uffe oder abe! Er hatte einen bedeutenden Kopf, der bei dem Ausbruch solchen Eifers einen starken Ausdruck hatte und viel Eindruck auf mich Buben machte, so daß das »uffe oder abe!« oft die philosophischen Erwägungen hart bedrängte.

Es wurden auf der Ofenbank um den großen Kachelofen

herum beim flackernden Schein des Buchenspanes von diesen ernsthaft ehrlich suchenden Brüdern gar schwere tiefe
Gedanken herumgewälzt und wenn sie einmal beisammen
waren, so dauerten die Gespräche bis tief in die Nacht hinein.
Ich war immer dabei bis zum Schluß der Unterredung.

Franztoni, der älteste Bruder meiner Mutter, war Uhrenschildmaler, da aber Bernau ziemlich weit von dem Schwarz-
wälderuhrenbetrieb entfernt ist, so verlegte er sich später auf
die Unterglasmalerei von Heiligenbildern; auch malte er auf
Glas Kruzifixe, das Glas wurde dann auf Holzkreuze aufgekit-
tet. Die »Ware« wurde meist an Wallfahrtsorten von armen
Leuten verkauft und gekauft. Seine heranwachsenden Söhne
halfen mit und machten Muttergottestäfelchen hinter Glas mit
Goldschaumflitter; auch Schachteln wurden bemalt. So fand
im Uhrenmacherhaus eine Art von Tätigkeit statt, die doch so
weit mit Kunst verwandt war, daß sie den bäurischen Schmuck
herstellte, wie auch die ärmste Hütte ihn gerne mag. Die
Unterglasheiligenbilder in ihrer Farbigkeit sahen auch sehr
schmückend aus an den braunen holzgetäfelten Wänden, es
waren immerhin Handmalereien, wenn auch unbeholfner
Art; sie wurden aber von der Stadt her von der Farbendruck-
industrie verdrängt. Neuerzeits werden sie wieder für Museen
gesucht.

Auch die Bauernmalerei, die Kasten und Truhen, auch
holzgetäfelte Stuben, manchmal auch Fensterladen mit Blumen, Farben, Bändern und Sprüchen zierte, verschwand und
mußte der Stadtmode weichen, und der so schön bemalte
Schrank wurde brutal mit Nußbaummaserung überstrichen.
Die Kruzifixe und Muttergottestafeln, die im Uhrenmacherhaus hergestellt wurden, wurden von Hausierern vertrieben;
auch Frau und Töchter gingen damit ins Land und fanden
einen spärlichen Verdienst. Denn überall gibt es Kinder und
fromme Seelen, denen Flittergold und ein paar bunte Farben,
in Verbindung mit dem, was ihnen heilig ist, zur Erbauung
dient. Was in dem Hause gemacht wurde, war freilich künstlerisch nichts, es waren kümmerliche Reste einer untergegan-

genen Bauernmalerei, es mußte möglichst billige Ware gemacht werden.

Das Haus meines Onkels war von unbegrenzter Gastfreundschaft, besonders durch die Gutmütigkeit seiner Frau, der Marei. Kein noch so verlumpter armer Teufel, der Herberge suchte, wurde abgewiesen, er bekam sein Lager hinter dem warmen Ofen, und bei rauhem Winterwetter blieb gar mancher tagelang am warmen Ofen hocken. Weggeschickt wurde eigentlich keiner, ein gewisses Schicklichkeitsgefühl muß sie geleitet haben, daß sie überhaupt wieder weitergingen. Sie bekamen auch zu essen, meist Kaffee und Kartoffeln. Brot brachten sie von anderswo mit, denn das konnte bei der zahlreichen Familie nicht wohl geliefert werden. So sagte einmal einer der Ofengäste, als er wegging: Vergeltsgott fürs Kaffe, Brot han i eignes g'ha. Es waren gar sonderbare Käuze unter diesen Ofengästen, die alle Ränke brauchten, um durch die Welt zu kommen; so der fromme Wallfahrer Friedli, der im Auftrag von Bauersleuten geschäftsmäßig nach Einsiedeln und anderen Wallfahrtsorten ging, um dort Seelenmessen lesen zu lassen. Der kam zu mir, ich war noch Schulbub, er wußte, daß ich eine gute Schrift hatte. Er erzählte, daß er einen Brief, den ihm der Pater Soundso in Einsiedeln gegeben habe, an einen Bauern im Unterland, für den er Seelenmessen für einen Verstorbenen lesen lassen mußte, verloren habe. Er sagte, er wisse den Brief auswendig, und ich solle so schreiben: Dem Geistlichen sei, während er die Seelenmessen, welche der Fridolin bei ihm bestellt habe, gehalten habe, die Eingebung gekommen, daß zur Erlösung dieser armen Seele aus dem Fegefeuer noch 10 Messen erforderlich seien und die Leute möchten dem Fridolin das Geld für diese Messen mitgeben. Friedli gab mir Namen und Unterschrift an, und ich war harmlos genug im Vertrauen auf den gar so frommen Wallfahrtsmann, diesen Brief zu schreiben. Erst später kam es mir zum Bewußtsein, daß ich zu einem Betrug mißbraucht worden sei.

Franztoni saß an seinem Werktisch vom Morgen bis an

den Abend, er ging fast nie aus dem Hause. Abends spielte er oft auf der Geige, und mit einem gewissen Mutwillen übertönte er auch oft den Zank der Frau und der zahlreichen Kinderschar – er vertraute der Macht der Musik. Er selber hatte nie mit jemandem Streit, seine Ruhe verließ ihn nie, er war mild in seinem Urteil über alle Menschen, er ließ jeden gelten. Haß gegen jemand oder gegen Stände gab es bei ihm nie. Mit Gelassenheit ertrug er sein ärmliches Dasein, ja er war von innerlicher Heiterkeit, die sich darin äußerte, daß er gerne mit seinen Kindern am Feierabend Volkslieder sang, wobei ihm besonders sein Hansjörg gar eifrig half. Was zufriedne Menschen sind, konnte man auch an diesem Sohn Hansjörg sehen. Aber nicht alle seine Kinder waren so. Es war oft viel Zank und Lärm im Hause – dagegen half ihm auch seine Gelassenheit nicht. Die Menschen sind halt gar bunt untereinander gemischt. In die Kirche ging er gar selten, zur Beichte ging er nie mehr. Der Gedanke an einen zornigen Gott, der die Menschen ihrer Sünden wegen, für welche sie doch eigentlich nichts könnten, mit ewiger Verdammnis strafen würde, war ihm unfaßlich. Daß er sie ihrer Meinungsverschiedenheiten wegen zur Rechenschaft ziehen werde, das wollte er nicht glauben. Daß man bei seiner letzten Krankheit den Pfarrer, der den stillen Mann kaum kannte, zu ihm rufen wollte, das gab er gerne zu. Der Pfarrer war dann sehr lange bei ihm, und nachher sagte er, es tue ihm nur leid, daß er diesen seltenen Menschen nicht schon lange kennengelernt habe. So habe ihm noch nie einer gebeichtet mit dieser Aufrichtigkeit und wahren Frömmigkeit. Er war eine stille ernste Natur, ins Wirtshaus ging er nie, außer wenn er berufsmäßig zum Tanze aufspielen mußte; dann war er aber auch mit seiner Klarinette, die er meisterhaft handhabte, der richtige Aufmunterer zur Fröhlichkeit. Er starb im Jahre 1866, 66 Jahre alt. Er starb mit gerade der Gelassenheit, mit der er gelebt hatte; er starb gewissermaßen nach der Uhr. Seine Familie stand um sein Sterbebett, er gab allen noch Ermahnungen zum Frieden. Er sah nach der Wanduhr, die unten am Bette hing, er fühlte sich selbst den Puls und sagte es seiner Frau und den Kindern, daß der Pulsschlag noch bis zu der und der Stunde aushalten würde. Er hatte richtig gerechnet. Der Puls stand stille, und er war eingegangen zur ewigen Ruhe.

Eines dritten Bruders meiner Mutter erinnere ich mich auch noch. Er hieß Franzkarle, war Uhrmacher, ein sehr lebhafter beweglicher Mensch. Es war der, mit dem meine Mutter so gerne Mustertänze aufgeführt hatte, er verheiratete sich nach Todtmoosrütte und ist auch bald gestorben.

Der jüngste Muttersbruder Ludwig war ebenfalls Uhrmacher, später Drechsler, der Holzwaren machte, Spinnräder und später auch Spulen für die Fabriken in St. Blasien und im Wiesental. Er war eine aufrechte, gesunde Natur, äußerst fleißig und genügsam. Er hatte vielerlei Liebhabereien, so z.B. beobachtete er den Sternenhimmel im Umlauf des Jahres; er wollte sich Klarheit verschaffen über all die Veränderungen und Zustände an Sonne und Mond, wie sie das Jahr hervorbringt. Es war in meiner Schulzeit, als er auf einem langen Tischgestell eine drehbare Erdkugel drechselte, die mein Bruder Hilari mit den Erdteilen bemalte. In der Mitte des Tisches war eine Lampe angebracht, die die Sonne bedeutete. Durch seine Uhrmachertechnik machte er, daß der Erdglobus seinen Lauf um die Sonne vollführte, eine vergoldete kleinere Kugel, die dabei die Erde umkreiste, war der Mond. Das alles war durch eine Kurbel in Bewegung zu setzen, und so konnte man gar deutlich Sonnen- und Mondfinsternisse darstellen. Gar oft habe ich die Kurbel gedreht und mich als Herr des Sonnensystems gefühlt. Ludwig stellte auch eine Sonnenuhr auf in seinem Gärtchen. Dies alles hat meine Jugendphantasie lebhaft angeregt, und meine Kalenderliebhaberei hängt wohl mit dieser ganz frühen, beim Onkel Ludwig geholten Erfahrung, zusammen. Ludwig starb im Jahre 1898, etwa 80 Jahre alt. Er konnte bis zu diesem Alter noch den kleinsten Druck ohne Brille lesen.

Viel Liebhaberei hatte er am Theaterspielen, und so

sammelte er die Dorfgenossen zusammen, daß sie das Stück »Die kleine Lautenspielerin« von Christoph Schmid einstudierten, alle Rollen waren zweckmäßig besetzt. Ich, damals gerade der Schule entlassen, hatte die Rolle eines Hirtenknaben, ich malte auch ein paar Papierstreifen als Dekorationen, und als wir uns in unsern Rollen sicher fühlten, holte Kuratejosepp die Bewilligung beim Amt zu einer öffentlichen Aufführung im Tanzsaal im Adler.

An einem Sonntag, als der Gottesdienst aus war, mußten ich und der Schwizeralbert mit einer Trommel in theatralischem Aufputz hinter der Kirche der Menge bekanntmachen, daß am Nachmittag die Vorstellung sei. Ich mußte den Ausrufer machen. Die Sache hat gute Aufnahme gefunden, denn wir mußten die Sache auch noch in andern Wirtshäusern zur Aufführung bringen. Es haben alle mit heiligem Eifer sich in ihrer Rolle gefühlt. Theaterkritik wurde nicht geübt, aber manche Zuschauer waren bis zu Tränen gerührt.

Wenn ich nun so an Verwandte, Nachbarn und Dorfgenossen, die ich in Bernau hatte, an all ihr Treiben, je nach ihrem angebornen Wesen und den dadurch herangewachsenen Verhältnissen, denke, so sehe ich, daß eigentlich der Kern des Menschen überall der gleiche ist, daß man, um den Menschen kennenzulernen, gar nicht weit zu wandern braucht. Es ließen sich in dem Rahmen eines stillen Dorfes alle Menschenschicksale schildern, ganz nach der Natur, wenn nur der Schilderer das große Gefühl des Allgemeinschicksals, das uns alle verbindet, nicht verliert.

6

In meinem Gedenken an die Kinderzeit darf ich das Bäsle Katerina nicht vergessen. Sie war die Witwe des ältesten Bruders Felix meines Vaters, eine herzensgute sanfte Frau; ich war so viel wie möglich bei ihr, sie hatte immer ein gutes Wort für mich, auch oft einen Leckerbissen, wenn er auch klein war. Oft saß ich bei ihr auf der Ofenbank oder auf ihrem Schoß, und sie erzählte mir Geschichten, so erfuhr ich von ihr die Geschichte vom tapfern Schneiderlein, vom Schneewittchen und den Zwergen, vom Machandelbaum, natürlich in süddeutscher Benennung und Fassung. Ich möchte wohl wissen, wo sie die Märchen her hatte. Daß sie dieselben nicht im »Grimm« gelesen hat, weiß ich bestimmt, denn sie hatte keine Bücher. Auf der Ofenbank saßen wir, und ich sah auch gleich die Bilder zu den merkwürdigen Geschichten, ich sah sie an der Wand, wo die teilweis abgeriebene Tünche allerlei Gestalten angenommen hatte, ich zeigte sie der Tante, die gutwillig mitsah und miterkannte.

Anschließend will ich hier auch ihres Sohnes, meines Vetters Aloisi Thoma gedenken, der war eine Natur, von deren Wesen Friede ausging, ohne daß er etwas sagen brauchte – seine Zufriedenheit war so groß, daß er in ihr glücklich sein konnte. Sein Arbeitsverdienst als Holzwarenverfertiger war sehr gering, man könnte fast sagen ein Hungerlohn, aber er hatte eine kleine Landwirtschaft, d.h. ein paar Wiesen und Äcker, er konnte eine Kuh und ein paar Ziegen halten, es war alles so klein, daß er es mit seiner Frau bewirtschaften konnte. Als seine Frau starb, war er freilich, sie waren kinderlos, ein armer einsamer Mann. Als ihm Freunde von mir Bücher zum Lesen gaben, sagte er mir, er lese nicht gern, er habe aber so viel Gedanken im Kopfe, daß er damit viele Bücher füllen könnte, wenn er es aufschreiben könnte. Wenn ich in spätern Jahren Bernau besuchte, war ich immer gerne um ihn – so besuchte ich ihn einmal mit meiner Frau – er sah uns bedächtig mit seinen klugen, treuen Augen an und sagte: »Gelt, du bist jetzt an großer Herr, aber du hast gewiß auch viel Müh' – so daß ich glaub', mir ist viel wohler in mei'm klein Wesen – 's muß halt jeder sein Teil Sorgen durch das Leben tragen«. Dann sah er uns beide durchdringend innig an. »Ihr händ euch gefunde im Leben und in der Liebe. Ihr g'höret jetzt zusammen. Händ nur Friede mitanander. Dernoch ist alles gut.« Und dann spielte ein schalkhaftes Lächeln um seinen

Mund, als er forschend fragte: »Könnet Ihr 's Vaterunser au no?«

Eine Schwester meines Vaters, Rosa, kann ich mir immer nur am Baumwollenspinnrad vorstellen, und ich höre das Schnurren desselben. Es war noch die alte Baumwollhandspinnerei, ehe die Fabriken aufkamen, es war, wie auch die Weberei, eine Hausindustrie, die besonders in Todtmoos einen Hauptsitz hatte.

Eine andere Tante, Pauline, wohnte in den Kaiserhäusern, ich besuchte sie dann und wann – sie wurde hoch in die Neunzig alt.

Der Bruder meines Vaters, den ich gekannt habe, war der Michel. Ein rüstiger stattlicher Mann, der auch, was damals noch nicht so häufig war, eine Zeitlang Soldat war. Viel weiß ich nicht von ihm. Die Mutter hat von ihm erzählt, daß er gesagt habe, sein Abendgebet, wenn er müde sei, sei kurz, er sage nur: » Lieber Gott, du kennst dein Michel!« Dann legte er sich ruhig ins Bett.

Die Erinnerungen aus der Kinderzeit, die vor meinen Schuljahren liegen, sind mir sehr lebendig – mehr noch in einer Art von Stimmungen, die im Sehen liegen, als durch Geschehnisse. So erinnere ich mich wohl des fast schreckhaften Eindruckes, wie ich zum erstenmal bewußt den Vollmond hinter den schwarzen Tannen des Rechberges emporsteigen sah. Ich erinnere mich auch eines schweren Gewitters und der Wolkengebilde, die über dem Steppberge sich auftürmten. Darüber läßt sich wohl nicht viel schreiben, aber ich denke, etwas davon ist in mein Malen übergegangen, so daß mir später beim Malen mancher Bilder war, als ob unsichtbare Geister mir die Hand führten und die Farben mischten.

Durch die Vermittlung meiner Tante Marie in Basel kam ich im Jahre 1853 zu einem Lithographen dort in die Lehre. Das Lehrgeld, 800 Franken, sollte nach überstandener Probezeit von einem Basler Wohltäter bezahlt werden. Ich war ein paar Wochen dort und machte Schriftproben zur Zufriedenheit des Meisters Zemp. Aber ich muß bleich ausgesehen haben und war sehr schmächtig und zart. Eines Tages stand ein fremder Lithograph neben meinem Arbeitstisch, lobte meine Schriftproben, fragte aber teilnehmend, ob ich mich wohl fühle, und als ich ihn fragend ansah: ob ich keine Schmerzen auf der Brust fühle, das Lithographieren mit dem Gebückt-über-dem-Stein-Sitzen sei eine ungesunde Arbeit, die mancher nicht aushalte. Von da an fühlte ich allerlei Ziehen und Reißen in der Brust, das immer heftiger wurde, je mehr ich mich danach sehnte, wieder nach Bernau zu kommen. Ich war in einem Kosthaus untergebracht und schlief mit etwa einem Dutzend Fabrikbuben in einem großen Raum. Das war mir unangenehm, die Buben waren auch in einer Art Gehässigkeit gegen mich, weil ich mehr Freiheit hatte und nicht in die Fabrik mußte – aber das Essen schmeckte mir sehr gut. Die Schmerzen in der Brust nahmen zu. Ich sagte es dem Meister, der ein guter Mensch war, er schickte mich zu einem Arzte, der mich untersuchte und fand, daß ich nicht sehr kräftig sei und daß ein anderer Beruf wohl besser für mich sein könnte. Daraufhin wurde ich von meinem Basler Gönner zu einem Architekten geschickt, ob der mich nicht brauchen könne, der lachte und meinte, da gehörten wohl andre Vorkenntnisse dazu, als ich sie habe.

Die Probezeit war indessen abgelaufen, es wurde mir aufgegeben, einen Lebenslauf zu schreiben, der dem unbekannten Wohltäter vorgelegt werden sollte. Das hat mich nun arg erschreckt – was konnte doch ich armer Bub, der kaum angefangen hatte zu laufen ins Leben hinein, da schreiben – ich wußte eigentlich nur, daß ich von Bernau hinunter nach Basel gekommen sei und jetzt gern wieder von Basel nach Bernau hinaufgehen möchte.

An dem Berg des Lebenslaufschreibensollens scheiterte eigentlich die ganze Sache, und ich packte auf und ging wieder heim.

Mein Vater war freilich recht unzufrieden, daß ich nicht ausgehalten hatte, doch daß ich nicht gesund sei, hatte schon eine Tante, die mich in Basel gesehen hatte, den Eltern erzählt und sie damit erschreckt, daß sie sagte, ich hätte schon einen ganz jenseitigen Blick. Nun mußte ich in Feld und Wald mitarbeiten, um unsern kleinen Karren vorwärts zu schieben; mein Vater und ich suchten Vogelbeer- und Ahornholz, welches wir zubereiteten für Onkel Ludwig, der Spulen daraus drehen konnte.

Die Verbindung mit Basel war aber doch noch nicht ganz gelöst, und so ging ich mit der Mutter und mit meinem sechsjährigen Schwesterlein Agathe im Frühling 1854 wieder das Wiesental hinaus nach Basel; ich wurde als Lehrling eingestellt in das Maler- und Anstreichergeschäft Lichtenhan. Basel war zu dieser Zeit sozusagen die Hauptstadt eines großen Teils des oberen badischen Schwarzwaldes. Alle Augen der armen Menschen, die etwas erwerben wollten, richteten ihre Blicke nach dem reichen Basel. Die Holzwaren der Bernauer gingen zur Basler Messe in hochgeladnen Wagen mit Gelten, Kübeln, Weinbütten, Milchgefäßen, Rübhobeln, Hackbrettern, Holztellern, Koch und Schöpflöffeln u. dgl. Dort fand der Handel mit dem Elsaß statt – die gedörrten Heidelbeeren gelangten in Basler Handelshäuser. Nach Basel gingen die Maidli in Dienst und in die Fabriken.

Das Wiesental, durch Hebel poetisch verklärt, führt nach Basel. Von Bernau gelangt man ins Wiesental durch das so malerisch schöne Prägtal nach Schönau, aber auch über Todtmoos, Happach und das felsige Romattal. Gar manchmal zog ich mit der Mutter diese Wege und dann an der »Wiese« entlang nach Basel. Eine Schwester der Mutter, »Juliane«, wohnte mit ihrer Familie in Haagen, dort hatten wir ein Absteigequartier.

Nun war ich Maler- und Anstreicherlehrling. Obgleich in Armut aufgewachsen, war ich dennoch verwöhnt. Die Mutter war so besorgt um mich, ich war immer gut und reinlich gekleidet; auch kochte sie viel vernünftiger, also besser, als andre Frauen in gleichen Verhältnissen es oft tun, sie bereitete die Speisen schmackhaft zu und wußte Wechsel in die Nahrung zu bringen, da sie nicht nur am Kaffeetopf und Kartoffeln

Landschaft mit Brunnen (Radierung, 1897)

hing, sondern auch selbstgepflanztes Gemüse und Hülsen-früchte auf den Tisch brachte. Auch der Vater war gut, nur sehr ernst und wortkarg, so daß ich eigentlich nie ein zutrau-liches Verhältnis zu ihm hatte. Ein etwas verweichlichter, schüchterner Lehrbub zwischen sechs bis sieben Gesellen aus aller Herren Ländern, die allerlei Mutwillen bis zur Roheit an sich hatten – das war für mich auch nicht sehr nett. Das Heimweh drückte mich.

Mein Vater war den ganzen Winter über kränklich gewe-sen, da brachte im August eine Verwandte, die in einer Fabrik in Basel arbeitete, die Nachricht, daß mein Vater sehr krank sei und daß ich heimkommen solle. Am 30. Juli 1855 machte ich mich auf den Weg und kam nach 12stündigem Marsch abends 6 Uhr heim – aber mein Vater war schon um 4 Uhr gestorben.

Ungern ging ich nach der Beerdigung fort von der Mutter, aber ich ging doch.

In Basel war eine ziemlich heftige Choleraepidemie. Ich war in so düsterer Stimmung, daß ich mir den Tod wünschte, und ich verstehe seitdem den Zustand aller Lehrbuben, die davonlaufen.

Es wurde Herbst, da hielt ich es nicht mehr aus – eines Tages beim Mittagessen sagte ich es meinem Meister, daß ich wieder heim wolle. Er nahm es nicht so tragisch, wie ich es mir vorgestellt hatte, und fragte: was ich denn anfangen wolle. In Verlegenheit wußte ich nichts zu sagen, als daß ich so ein Maler werden wolle wie die, von denen die schönen Bilder im Basler Museum gemalt seien. Da lachte der Meister und meinte, da kannst du lang warten – er ließ mich aber gern ziehen, denn er fand, daß ich doch nicht recht zum Anstrei-cher tauge. Wie froh war ich, daß alles so glatt abgelaufen war. Gleich packte ich meinen Malkittel und Schürze zusammen und ging zur Schlafstelle, mein Kistlein zu packen. Reisegeld hatte ich freilich keines, aber das machte mir wenig Sorge, es ging ja der Heimat zu. Wie ich mit meinem Bündel unter dem Arm nach der Herberge gehe, kommt ein Jude zu mir und fragt: »Hast du was zu handeln?«, und da ich ihm sagte, was in dem Bündel sei, gingen wir in einen Torbogen hinein, und er gab mir für alles einen Franken. Nun hatte ich auch noch Geld. Als ich am andern Morgen mein Kofferle einem Wälderfuhrmann mitgegeben hatte, war ich aller Sorgen frei und kaufte mir noch zum Reiseproviant ein halbes Pfund Zucker. Ich wußte nichts Besseres als Zucker, auch war der Zucker in Basel billiger als im Badischen.

Mit dem Zucker in der Tasche zog ich zum zweitenmal von Basel ab der Heimat zu, es war an einem nebeligen Herbstmorgen. Da, es war in der Nähe von Lörrach, was kommt da auf der Straße daher – ein klein Weiblein, wahrhaftig meine Mutter – war das eine Freude. Sie kam, um ihren Johannes der Cholera aus den Händen zu reißen, sie hatte auch einen großen Pack gedörrter Heidelbeeren bei sich – als Abwehrmittel. Sie war bei den Verwandten in Haagen übernachtet – deshalb war sie auch am Morgen schon in der Nähe von Basel. Wir kehrten wieder bei den Verwandten ein und gingen erst den andern Tag nach Bernau. So neben der Mutter her war der Weg durch das Wiesental gar schön, und ich fühlte mich sicherer, als wenn ich allein den Weg gehen müßte. Ich will es nur gestehen, ich hatte eine besondere Angst vor den Hunden, besonders einer schien es auf mich abgesehen zu haben, ich ging immer sehr vorsichtig am Haus vorbei.

7

Nun war ich wieder in Bernau im kleinen rauchigen Stübchen. Wir hatten ein paar Ziegen, ein Kartoffelfeld und ein paar Stückle Wiesen und Wald – da mußte nun gearbeitet werden. Aber ich half nicht viel, ich ging an meine Zeichnerei, und Mutter und Schwester ließen mich gewähren und nahmen die Arbeit auf sich.

In dieser Zeit nach der Rückkehr von Basel tauchte auch der Plan auf, daß ich meinen Fähigkeiten nach eigentlich studieren sollte. Meine Mutter, die alles anwendete, daß aus mir doch noch was Ordentliches werden solle, ergriff lebhaft diesen Plan, sie wendete sich an den Pfarrer, der auch zustimmte und sich bereit erklärte, mir Lateinunterricht zu geben. Allerdings meinte er, daß es zu diesem Anfang, da ich im 16. Lebensjahr stehe, etwas spät sei – er wolle es aber trotzdem befürworten. So kam es, daß ich mit der Mutter eines Tages nach Freiburg ging in das bischöfliche Palais – ich nahm auch eine Rolle Zeichnungen mit. Im Palais empfing uns ein Domkapitular sehr freundlich, hörte das Vorbringen der Mutter an, ob er vom Bernauer Pfarrer schon davon unterrichtet war, das weiß ich nicht – er sah meine Zeichnungen aufmerksam an, meinte auch, daß dies mein Talent mich besser durchs Leben führen könnte, als wenn ich Geistlicher würde. Er hielt dies auch, da ich keine andre Vorbildung als die in der Volksschule mögliche mitbringe, für gar schwer durchführbar bei meinem Alter. Jedoch er wolle noch Erkundigungen anstellen, und wir möchten später wieder bei ihm nachfragen – meine Mutter tat dies auch, aber er hielt den Plan für unausführbar und verwies nochmals auf mein Zeichentalent.

Zu unserm Leidwesen zerstob der Plan, Pfarrer zu werden, an den Verhältnissen. Wie möchte es wohl sein, wenn unser Wunsch erfüllt worden wäre? Würde ich irgendwo im Schwarzwald als Pfarrer sitzen; ich glaube, daß ich ein ganz ordentlicher Pfarrer geworden wäre. Vielleicht wäre ich auch zu höherer Stellung ausersehen worden, vielleicht säße ich etwa im Kloster Beuron, wo ich meine Kunst üben könnte, weitab vom Tageslärm – das denke ich mir gar schön.

Ich sollte eben nicht Pfarrer werden, ebensowenig wie, was ich noch erzählen werde, es ein Jahr später gelingen wollte, Ratsschreiber zu werden und daran emporsteigend jetzt Bürgermeister von Bernau zu sein.

Lehrer Ruska in Bernau Dorf hatte eine Zeichenschule errichtet, die ich besuchte, zu Haus zeichnete ich auf graues Papier Vergrößerungen nach allen möglichen Heiligen – und

Kalenderbildern – auch machte ich Versuche, nach der Natur zu zeichnen.

Durch diese Zeichenschule wurde Oberamtmann Sachs in St. Blasien auf mein Talent aufmerksam, er machte allerlei Versuche mich irgendwo in die Lehre zu bringen, endlich kam ich zum Uhrenschildmaler Laule nach Furtwangen. An einem schönen Tage ging ich mit der Mutter über die Schwarzwaldhöhen nach Furtwangen. Ich blieb, einstweilen zur Probe, dort, und es gefiel mir. Da der Meister an einer Staffelei saß und eine Palette an der Hand hatte, so erklärte ich der Mutter, daß das ein richtiger Maler sei, und so blieb ich gerne. Vier Wochen war ich dort, es ging alles gut; ich durfte malen, und ich glaube, der Meister konnte mich recht gut gebrauchen. Der Lehrvertrag sollte gemacht werden, der lautete auf vier Jahre Lehrzeit und 200 Gulden Garantie von einem Bürgen für den Fall, daß ich die vier Jahre nicht aushalten sollte. Die Mutter hatte kein Geld, und für mein vierjähriges Aushalten wollte niemand Bürgschaft leisten – so kam die Mutter und holte mich wieder. Diesmal ging ich wirklich ungern. Die Kost war gut – ich war bei einer Gerberfamilie untergebracht – vom Morgenkaffee bis zum Mittagessen – z'Nüni gab's aber nichts. Das merkte sich ein kaum der Schule entwachsenes Mädchen der Familie, sie kam immer zu einer bestimmten Stunde in den Hof, wo auch ich mich dann einfand. Sie hatte immer eine große Butterschnitte, die sie mit mir teilte – ich glaube kaum, daß wir miteinander gesprochen haben – es war ein gar zartes Verhältnis. An das so rührend um mich besorgte Kind habe ich immer gerne gedacht – aber ich Undankbarer, ich weiß nicht einmal, wie sie geheißen hat.

Wieder über die Berghalden durch die Tannenwälder heimwärts mit der diesmal doch etwas bangen Frage: Was soll nun werden? Die Mutter war sehr besorgt. Der Amtmann wird sich jetzt nicht mehr um uns kümmern. Als wir, unter einer alten Tanne ruhend, das von der Mutter mitgebrachte Mittagsbrot verzehrten, da faßte ich frischen Mut und sagte der Mutter, daß ich in den vier Wochen so viel gelernt habe, daß ich jetzt auf eigne Faust Uhrenschilde und viel andre Dinge malen könne. Diese Aussicht machte uns hoffnungsvoll, und ganz fröhlich es ist mir, als ob wir beim Weiterschreiten gesungen hätten. Alle Sorgen waren weg. Es war wohl das erstemal, daß ich mich dem Geschick gewachsen fühlte durch den Entschluß zur Tat.

Ein paar Tage später hängte ich meine Reisetasche um und ging nach Freiburg, wo ich in einem Geschäfte Farben, Öle und Pinsel kaufte, auch ein Stück Zinkblech nahm ich mit, um es zu grundieren. Mit diesen Farben im Reisesack und den Kopf voll Bilder konnte es mir nun nicht mehr fehlen – frohgemut ging ich über die Halde heim.

Dann ging das Farbanreiben an, das Zubereiten von Leinwand und Pappe, das ich ja in Basel schon gelernt hatte. Ich fühlte mich nicht mehr hilflos, ich malte mit Ölfarben nach Stichen und Holzschnitten, Heiligenbilder, Landschaften usw. Ich freute mich an meiner Arbeit. Freilich mußte die Mutter zuerst mit ein paar dieser Bildchen nach St. Blasien, so viel Mut hatte ich doch noch nicht. Die Mutter brachte aber guten Bericht. Die Bildchen wurden ihr vom Doktor und vom Apotheker Romer abgekauft – letzterer sagte, ich solle doch einmal zu ihm kommen – er malte auch. Das war nun gar schön. Ich malte mehrere Ansichten von St. Blasien auf grundierte Pappdeckel, sehr schön ausgeführt, so daß ich es wagte, für das Stück einen Gulden zu fordern – ich war fleißig darauf aus, Geld zu verdienen, und ich benutzte jede Gelegenheit hierzu. So ging ich eine Zeitlang in die Glashütte Äule, wo ich auf Gläser mit Firnisfarbe Blümlein und Sprüche malte; auch mein Vetter Franz Maier malte dort das gleiche. Am Samstag brachte ich so immer einige Gulden mit heim. Aber so ganz sicher war mein Weg zur Kunst doch noch nicht, und es kam ein anderer Plan, der mich ganz andere Wege geführt hätte, wenn er gelungen wäre. Es starb nämlich der Ratsschreiber von Bernau, und da ich ein guter Schüler gewesen, bewarb ich mich um die Stelle; aber ein etwas Älterer wurde mir vorgezogen, der später Bürgermeister wurde. Hätte ich

Schwarzwaldhof (Radierung, 1901)

die Stelle erhalten, so wäre ich jetzt vermutlich Bürgermeister von Bernau. Um Pfarrer zu werden war ich zu alt, zum Ratsschreiber werden zu jung. Ich hatte nun auch angefangen, eifrig nach der Natur zu zeichnen. An Sonntagen steckte ich ein Mäpplein unter den Rock und ging in den Wald, wo ich an möglichst verborgenen Orten Bäume abzeichnete – heimlich – ich wollte nicht von den Leuten im Ort ausgelacht werden. Auch Köpfe versuchte ich zu zeichnen; ich malte auch ein paar kleine Porträte auf Bestellung.

8

Im Jahre 1859 schickte Oberamtmann Sachs meine heimlichen Naturstudien und anderes nach Karlsruhe. Direktor Wilh. Schirmer sprach sich sehr entschieden dafür aus, daß ich Maler werden und in die Kunstschule eintreten solle. Der Großherzog sagte Unterstützung zu, und einige Gönner in St. Blasien und Bernau ermöglichten es mir, daß ich, für die ersten zwei Monate gesichert, im Oktober 1859 in die Kunstschule eintreten konnte. Ich war 20 Jahre alt. Ungern ging ich von der Mutter und Agathe weg, von der armen Heimat. Erwartungsvoll der Zukunft entgegen.

Es gibt ein im Volkston sprechendes Bild, welches ich früher in manchen Bauershäusern gesehen habe. In Form einer an- und absteigenden Treppe ist der Lebenslauf des Menschen dargestellt. Auf den Stufen stehen sie geordnet vom 5. bis zum 100. Lebensjahr; folgende Sprüche begleiten sie:

5 Jahre ein Kind	10 Jahr ein Knabe
20 Jahr ein Jüngling	30 Jahr ein Mann
40 Jahr wohlgetan	50 Jahr Stillstand
60 Jahr gehts Alter an	70 Jahr ein Greis
80 Jahr, nicht mehr weis	90 Jahr Kinderspott
100 Jahr Gnad von Gott.	

Es ist ein Spruch, der knapp und sicher den Lebenslauf bezeichnet, derb und kräftig, so daß er für alle Menschen paßt. So könnte ich mich zu einer übersichtlichen Gliederung dessen, was ich schreiben will, ganz wohl an dies Schema halten und aus ihm eine Kapiteleinteilung machen. Ich habe doch jetzt, so nahe am 80. Jahre, die Reihe durchlebt. Dies starre Gefüge paßt für meinen Lebenslauf so wie für alle Menschen. Es ist so unwiderleglich deutlich. Das, was ich bis jetzt geschrieben habe, ließe sich mit Kind und Knabe, die Übergänge von 5 bis 10 und bis 20 zum Jüngling bezeichnen. Die Karlsruher Zeit, von der ich jetzt berichten will, fällt in dies Alter bis gegen das Mannesalter. Der 30jährige, der mit den Lebensmächten sich tapfer auseinandersetzen mußte. Der Kämpfer mit seinen Sorgen und Pflichten, mit Siegen und Niederlagen, wie der Kampf es bringt. 40 Jahr wohlgetan, über 50 Jahre Stillstand, sind für mich die Jahre in Frankfurt, die Tage ruhiger Arbeit, stillen Glückes an der Seite der Lebensgenossin – die Jahre, denen man Stillstand gebieten möchte. Ruhiges Dasein, Sicherheit umgibt uns auf dieser am höchsten in der Mitte stehenden Lebensstufe.

Nun aber es gibt keinen Stillstand, es geht abwärts, mit 60 Jahr gehts Alter an. Schmerzliche Verluste mahnen an die Vergänglichkeit alles irdischen Daseins; der Tod hat die Gattin von der Seite gerissen und einsam, ein Greis, geht's ins 70. Jahr hinüber. Das ist die zweite Karlsruher Zeit, die eine Art von Heimkehr bedeutet, eine Art von Schicksalserfüllung, die man mit den Resten der im Leben gewonnenen Arbeitskraft gewissenhaft zu gestalten sucht. Man meint oft noch das Alter abwehren zu können, das schreitet aber sicher daher. Immer hinfälliger werdend erreicht man im 80. Jahr die Stufe der Vergessenheit, wo man auch seiner Weisheit nicht mehr traut. Wo man nichts mehr wissen will, sich nach dem Ruhen der Vergänglichkeit oder, wenn man lieber sagen will, nach der Ruhe der Ewigkeit sehnt. Bei diesem Kapitel meines Lebens stehe ich jetzt und könnte meinen schriftlichen Lebenslauf schließen. Denn ich möchte doch lieber nicht dem 90. entge-

gen das Versinken in eine zweite hilflose Kindheit erleben, wo
der Kinder Scherz und Spott das erlöschende Leben umflat-
tert. Möge mir der Schluß: 100 Jahr Gnad von Gott – er wirkt
wie ein sanfter Lichtstrahl aus den ewigen Gefilden – ohne die
letzten Prüfungen im Leben beschieden sein.

Diese bäuerlichen Lebenslaufregeln könnten wohl der
Schluß sein von meiner Lebensbeschreibung. Aber nun sind
sie mir auch eine Aufmunterung, weiter zu erzählen zur
Bekräftigung dieses Spruches. Ich bin doch erst am 20. Jahre,
und wenn ich so ausführlich weiterschreibe durch die Stufen
hindurch, so wird dies ein dickes Buch. Ich bin aber selber
neugierig ,wie weit ich noch damit komme. Denn neugierig ist
der Mensch bis ins höchste Alter, weil alle Zukunft ihm
verhüllt ist.

9

In Karlsruhe kam ich an am 29. September 1859, abends 6
Uhr. Mit Lehrer Ruska und dem Bernauer Pfarrer, einem sehr
fröhlichen Reisegefährten, der die trüben Wolken des Ab-
schiedes durch muntre Gespräche vertrieb, ging ich über die
Halde nach Freiburg. Mit Ruska ging ich dann noch in seinen
Heimatsort Malberg, wo ich ein paar Tage blieb. In Karlsruhe
übernachtete ich im Gasthaus zum Grünen Baum, und am
andern Morgen schon um 8 Uhr, um ja nichts zu versäumen,
ging ich mit einem Briefe vom Oberamtmann Sachs zum
Galeriedirektor Lessing. Ich hatte von diesem schon in Bernau
in der »Gartenlaube« gelesen und hatte einen gewaltigen
Respekt vor ihm, und mag wohl schüchtern und unbeholfen
vor ihm gestanden sein, aber wie wohl tat es mir, daß er so gar
freundlich gegen mich war. Er schrieb ein paar Zeilen auf den
Sachsschen Brief und schickte mich zu Schirmer. Nach vielem
Suchen fand ich sein Atelier. Er erschien mir Ängstlichem
nicht so freundlich wie Lessing zu sein. Sein Aussehen hat
sich, wie er so breitköpfig vor seinem aufgestellten Zyklus

biblischer Landschaften saß, mir sehr deutlich eingeprägt. Er sprach über meine Aufnahme in die Schule und wies mich an den Inspektor Vollweider, der auch ein Schwarzwälder sei. In einem Nebenzimmer des Ateliers hieß er mich auf diesen, der bald eintreffen würde, warten, wo ich inzwischen seine Naturstudien ansehen könne. Alle Wände hingen voll, die mich aller Angst enthoben. Denn ich träumte, ja ich wußte, daß ich auch bald so malen könne, daß es mir also in Karlsruhe nicht würde fehlschlagen können. Schirmers kräftige Art, wie sie sich besonders in seinen Studien ausspricht, in deutlicher Handführung, hat jedenfalls Einfluß auf mich gehabt; und hätte es noch mehr haben sollen. Er war der erste deutlich schaffende Künstler, an den ich mich in meinen Lehrjahren hätte anschließen können. Er starb für mich zu früh – er hätte meine Lehrzeit um einige recht leere Jahre, die nachfolgten, verkürzt.

Der freundliche Landsmann Vollweider gab mir Rat in betreff von Wohnung und Kosttisch. Ich mietete ein kleines Dachstüblein. Ich kam in den Antikensaal zu Professor des Coudres, der ein gar freundlicher Korrektor war. Er gab sich auf die liebenswürdigste Art Mühe, jedes Spürchen von Zuviel und Zuwenig an der Zeichnung aufzufinden. Mit Senkblei und Spiegel wurde kontrolliert. Aber das Antikenzeichnen wurde mir mit der Zeit langweilig, ich konnte mir nicht recht denken, warum ich dies gar so genau nachbilden sollte. Eigentlich dachte ich gar nichts, aber ich sehnte mich nach der Natur, zu der ich im Sommer zurückkehren wollte. Nach sechsmonatlicher Zucht entließ mich des Coudres, zwar nicht sehr willig, aus dem Antikensaal, und ich kopierte, noch ehe ich nach Bernau ging, einige Schirmersche Studien, die sehr zur Zufriedenheit Schirmers ausfielen.

Im Dezember 1859 mußte ich zur Assentierung heim; ich wurde frei, weil ich eine hohe Nummer hatte. Ich ging bald wieder nach Karlsruhe, am 3. Januar 1860. Die Mutter begleitete mich bis Todtnau. Am 1. April für die Osterferien ging ich wieder heim und blieb bis zum 17. Am 22. Juni zog ich wieder

Bernauer Alb (Radierung, 1911)

heimwärts; übernachtete in Muggenbrunn. In Bernau malte
ich zuerst ein kleines Wasserfällchen, dann das Innere eines
Waldes und noch recht viele Sachen. Einige davon hängen
jetzt im Karlsruher Thomamuseum, wohin ich sie stiften
konnte. Die Mehrzahl solcher Naturstudien existieren nicht
mehr. Ich habe sie meist verschenkt, gekauft hat damals kein
echter Kunstfreund eine Naturstudie, sie wurden als gänzlich
wertlos erachtet. Im August holte ich meinen, im Antikensaal
erworbenen Freund Eugen Bracht in Freiburg ab. Wir gingen
über Titisee, Feldsee, kletterten an der steilsten Halde des
Seebuck hinauf; es war ein Wetteifer von jugendlicher Kraft
und Übermut. Dann in Bernau gings mit Feuereifer ans
Studienmalen. Wir liefen oft zwei Stunden weit ins Prägerloch
und malten dort einen Steinblock, einen umgestürzten Baum,
verzehrten vergnügt unser Mittagsmahl, das uns die Mutter
mitgegeben hatte, aus Speck, Eiern, Käse bestehend. Spät
abends kamen wir heim. Es war eine gar fröhliche Zeit.
Allerlei und viel abmalen war unsre harmlose Freude. Auch
der Maler Saal aus Paris war in Bernau. Er gab uns viel
Anregung, denn er war, obgleich bedeutend älter als wir,
ungemein fleißig. Von meiner Mutter hatte er eine gute
Meinung, er hat gesagt, es sei kein Wunder, wenn ich ein
großer Maler werde, man solle nur einmal die Augen meiner
Mutter ansehen. Bracht ging früher fort, ich am 4. Dezember
1860 am Morgen um 5 Uhr, bei kalter Schneenacht, zu Fuß
nach Freiburg. Abends um 8 Uhr war ich wieder in Karlsruhe.
Ich hatte Nachricht erhalten, daß ich, um ein Stipendium zu
bekommen, gleich hinmüsse. Ich erhielt auch 300 Gulden.

Wie ich aus den Tagebüchern von dieser Zeit herausgele-
sen, war Heimweh der Haupttrieb der mich erfüllte. Ich fühlte
mich so fremd in der Karlsruher Welt. Ich sehnte mich danach, fröhlich zu sein mit den Bernauer Buben und Maidli –
ich fühlte mich so einsam. Eine der Klagestellen aus dem
Tagebuch setze ich hierher: »Ich gehöre nicht mehr der
Heimat an, nie werde ich mein Brot in der Heimat finden –
und es zieht mich doch so alles dahin. Es wäre mir doch so

wohl, wenn ich, wie meine Schulkameraden, ein Holzarbeiter wäre. Ich bin doch gerade so genügsam wie diese«. Aber ich träumte auf meinen Wegen immer von Bernauer Bildern, die ich malen wollte. Ich sah die Berghalden, das ganze Bernau sah ich im Geiste. Ich machte auch ein langes Verzeichnis davon, was ich malen wolle. Dies Verzeichnis ist zu kindlich, als daß ich es aufschreiben möchte. Dagegen finde ich folgende Stelle: »Plötzlich taucht oft ein Gedanke in mir auf, oft durch die unbedeutendsten Gegenstände erweckt. Ich gerate in einen Zustand der Verlorenheit, ich weiß nicht, wie mir ist. Es packt mich wie eine Erinnerung aus uralter Zeit. Ich meine dann, ich müsse es zeichnen können oder dichten – aber ich weiß nicht wie und was«.

Auch in diesem Winter malte ich unter des Coudres Leitung Köpfe, zeichnete abends fleißig Akte, wohltuende Dinge, Tätigkeitszeichen dem Träumen gegenüber. Wie freute ich mich, als ich den ersten Kopf malte, ich malte ihn in zwei Sitzungen, ehe der Professor kam. Der zeigte mir nun, wie das Ding anzufangen sei. Ich malte nun im Wetteifer mit den andern Schülern Kopf um Kopf, und ich glaube, daß einige davon recht gut geworden sind.

Am 23. März 1861 finde ich in meinem Tagebuch: »Morgen abend sitze ich schon daheim bei Mutter und Schwester am Tisch. Wie freue ich mich auf die 14 Tage, die ich daheim sein kann, ich war in der letzten Zeit recht flau und energielos. Ich hoffe, die Heimat wird mich wieder rüstig und stark machen, sie wird mir wieder Stoff geben etwas zu gestalten«.

Ich war sehr vergnügt in diesen Osterferien. Am 15. April war ich wieder in Karlsruhe. Im Juni 1861 war ich aber schon wieder in Bernau. Da schrieb ich ins Tagebuch: »Wie schön ist doch mein Heimattal! Aus all der Freude sehe ich aber mit Sorgen in die Zukunft. Ich mag oft gar nicht daran denken, dann bin ich ausgelassen lustig mit den alten Kameraden. Still und friedlich ist es aber in der Natur, wenn ich am Sonntagvormittag so auf einem Berghang liege und ins grüne Tal hinuntersehe, die Kirchenglocken rufen, die Sonne glänzt im

Buchwald, die Drossel singt, über mir schweben weiße Wolken, und ein Habicht kreist. Da vergesse ich alle Sorgen, und der Friede der Natur umschließt auch meine Seele. Wie schön ist's am Bächlein im schattigen Tannenwald, am goldbraunen Bächlein von samtgrünem Moosufer umfaßt. Die Ameise, die im Moose kriecht, und die glänzende Libelle, die wie ein blauer Sonnenstrahl über das braune Wasser hinschwebt, sind mir befreundete Wesen. Ich verstehe den Buchfinken, der sein Liedchen singt, ich nehme teil an dem Wohlbehagen, mit dem die Forelle durch den klaren Bach dahinschnellt. Wenn ich beim Gemurmel des Wassers so halb einschlummre, so ist es mir, als ob Engel aus einer bessern Welt um mich schwebten. Dann kann aber auch plötzlich das kommen, was wir Menschen Wirklichkeit nennen. Dann sehe ich, wie die Ameise einen Wurm mitschleppt zum Fraß, ein Schauer überläuft mich, ein geheimes Grausen treibt mich aus dem Walde fort. Ich eile heim; ich weiß nicht, wovor mir graut. Vielleicht vor mir selber. Im kleinen Stübchen bei Mutter und Schwester ist eine gar schöne Wirklichkeit, und die Wahngebilde fliehen.«–

Das Studienmalen und Zeichnen wurde aber fleißig fortgesetzt. Die Sachen, die ich gemacht habe, sind in die Welt zerstreut, ich legte ihnen keinen Wert bei und habe die meisten verschenkt an den, der sie gerade haben wollte. Herbstwehmut verstärkt das Gefühl baldiger Trennung von der lieben Heimat; so klage ich:

»Vom Berg habe ich heute heruntergesehen über das Tal, es lag so still da, und nur der Takt vom Hämmern der Kübler fügte sich fast dieser Stille ein. Da dachte ich, wie schön wäre es doch, wenn ich hierbleiben könnte und den Küblertakt mitklopfen könnte – aber bald muß ich wieder in die Stadt, in deren Lärm ich so einsam bin«.

Am 18. November 1861, morgens um halb zwei Uhr schon, um in Freiburg den Zug nach Karlsruhe zu erreichen, ging ich bei Mondschein aus dem schneebedeckten Tale fort. Es ist mir auf der achtstündigen Nachtwanderung kein Mensch begegnet, und ich freute mich, wie schon öfters, an dem heraufdämmernden Morgen. Im Breisgau lag grauer Nebel. Ich erfuhr in Karlsruhe, daß ich durch mein langes Ausbleiben die Verteilung der Stipendien versäumt habe. Das war traurig, und ich rechnete, daß mir mein Geld nur bis zum April reichen würde. Eine rechte Freude war es mir aber, daß Schirmer meine mitgebrachten Arbeiten so sehr lobte. Darüber finde ich folgendes im Tagebuch:

»Meine Studien und besonders einige Kompositionen, einige zu Hebels Gedichten, gefielen dem Direktor Schirmer ganz außergewöhnlich, er rief aus: ›Thoma, Sie sind ein Poet!‹ Er soll auch geäußert haben, als andere sagten: ›Das gibt einen zweiten Ludwig Richter‹: ›Das gibt noch einmal viel Bedeutenderes als Richter.‹ Wie freue ich mich, so habe ich doch die Heimat nicht umsonst verlassen«.

Schirmer hat mit seinem Lob nie zurückgehalten und unterschied sich dadurch wesentlich von mich später behandelnden Professoren, bei denen es Erziehungsprinzip zu sein scheint, auffallende Talente zu dämpfen, ängstlich zu machen mit allerlei Warnungen. Ich malte nun wieder Köpfe und quälte mich den Winter über ziemlich kümmerlich durch. Im April 1862 hatte ich gerade noch Geld, um nach Bernau zu kommen. Aber ich war vergnügt in dem Vorsatz, den ganzen Sommer über dazubleiben. Ich arbeitete fleißig in Gras und Blumen, in Feld und Wald. Ich malte aus Grasstudien einen Junimorgen, welchen die Museumsgesellschaft in St. Blasien ankaufte zu einer Verlosung. Im Juli kam Philipp Röth aus Darmstadt, um Studien zu malen. Er brachte die beglückende Nachricht, daß der Karlsruher Kunstverein mein Bildchen »Im Tannwald« für 60 Gulden angekauft habe. Welch ein Haufen Geld! Mit Röth malte ich den ganzen Sommer über. Wir waren recht fröhlich und haben auch an einem Sonntag im Adler getanzt. Wir machten auch einen Studienausflug an den Rhein, Säckingen, Laufenburg durchs Wehratal über Todtmoos heim. Im Tagebuch aus dieser Zeit sind lauter unnütze Betrachtungen, von denen ich keine mitteilen will.

Im Oktober 1862 malte ich wieder Köpfe, auch erhielt ich

wieder 300 Gulden Staatsstipendium. Die erste Kritik in der Zeitung über mein Bildchen »Im Tannwald« erfreute mich. Es wurde genannt ein gemalter heimeliger Anklang an Hebel, voll Seele. Ich war voll Mut. Da ich jetzt Geld hatte, konnte ich mir diesen Winter das erstemal den Luxus eines geheizten Zimmers erlauben. Es kam ein gewisser Übermut an mich, und ich verkehrte viel mit einer lustigen Schweizergesellschaft, die sich an der Kunstschule zusammengefunden hatte. Der gleiche Dialekt bewährte seine Bindekraft; so denke ich jetzt an Zemp, Pfyfer, Stirnimann, Bucher, Kaiser, die Köpfe mitmalten, an Studer, Balmer, Stäbli, es waren fröhliche Schweizer.

Ich las mit Begeisterung Jean Paul. Ich fing an, einen Schwarzwälderroman zu schreiben, der kläglich im Sande verlief. Im März 1863 wieder in Bernau und verlebte glückliche Ostertage. Die Mutter hatte mich in Freiburg abgeholt. Mit meinen Vettern Franz und Wilhelm trieb ich viel fröhlichen Unsinn. Am 20. April ging ich wieder. Im Sommer malte ich dann ein Bild in Karlsruhe »Der Bienenfreund«, welches der Kunstverein für 200 Gulden kaufte. Merkwürdigerweise wollten mir fast alle Mitschüler, und besonders ältere Maler, an dem Bilde helfen. Es muß sie etwas dazu gereizt haben. Ich hab' sie nicht darum ersucht, denn ich spürte wohl, daß das Bild dadurch seine Frische verloren hatte; es wurde viel Selbständiges daraus hinwegkorrigiert. Im Juli bin ich wieder in Bernau. Vorher ging ich mit meinem Mitschüler Karl Wagner ins Hanauerländchen. Es erschien mir in seiner üppigen Fruchtbarkeit wie ein Paradies. An einem herrlichen Sonntagvormittag waren wir in dem Dörfchen Links. Es verstärkte mir die Ansicht, die mir früher schon aufgedämmert ist, daß die Welt nicht nur in Bernau schön ist. Das sah ich denn auch am Tage nachher in Bühl, wo ich den Lehrer Ruska besuchte, der mich in der Umgebung herumführte, auf die Burg Windeck usw. Im August 1863 kam Stäbli, und ich ging mit ihm in die Schweiz, zuerst nach Schaffhausen, dann in seine Heimat Winterthur. Dort lernte ich seine Schwester

Das wandernde Bächlein (Radierung, 1913)

Adele kennen, eine sehr poetisch angelegte Natur, mit der ich später in lebhaften Wortwechsel, d.h. Briefwechsel, kam. Später gingen wir nach Zürich, wo wir Maler Koller, Stäblis früheren Lehrer, besuchten. Er hatte ein gar schönes Landhaus am See, für mich ein wahres Malerparadies. Am Sonntagnachmittag saßen wir mit Herrn und Frau Koller in einer Gartenwirtschaft. Der Schweizerwein schmeckte mir und Stäbli, der ausgesprochenen Sinn dafür hatte, sehr gut. Nach meiner Heimkehr machte ich, wohl von Koller angeregt, große und sehr genaue Naturstudien.

Aus Karlsruhe kam die Nachricht, daß Schirmer gestorben sei. Er starb nach kurzer Krankheit, 57 Jahre alt. Für mich war es ein großer Verlust, und ich fragte mich betrübt, wie es nun an der Kunstschule gehen würde.

Im September kaufte der Darmstädter Kunstverein ein kleines Bildchen von mir, »Winteridyll«, für 70 Gulden. Ich schien damals doch zu einem Liebling der Kunstvereine heranzuwachsen, das hat sich freilich nicht bewährt. Stellen, die schon auf eine Wendung hindeuten, finde ich in meinem Tagebuch; so vom 22. September: »So recht fühle ich nach einigen schlimmen Regentagen die ganze Poesie des Sonnenlichtes, ich glaube, daß ein Bild, in dem ohne besondere Wahl des Gegenstandes oder einer Handlung nur das Wesen und die Farben und das Licht dargestellt sind, schon genug Poesie, also auch Gedanken enthält, als ein Produkt der Schönheit mit allem Recht Anspruch darauf machen kann, als ein Kunstwerk genommen zu werden«.

Es ist etwas Ketzerei in dem Anspruch, wie alle Ketzerei ein Tiefersuchen unter der Gewohnheit einer Oberfläche. Es war aber ganz unbewußte Ketzerei.

Am 12. Oktober ging ich wieder nach Karlsruhe, klage aber im Tagebuch: »Warum habe ich die liebe Heimat verlassen? Warum bin ich Maler geworden? Um mir das saure Leben auch noch zu verbittern? Ich habe das nicht gedacht!« Dann klage ich viel über menschliche Ungerechtigkeit, über allerlei Einrichtungen. Es zeigt sich aus diesen Aufzeichnungen, daß ich alles Talent zum Neider und Nörgler habe. Lessing hatte an Schirmers Stelle das Korrigieren übernommen. Ich hatte eine Morgenlandschaft angefangen. Das Bild gefiel Lessing, und er machte den Grafen Fleming darauf aufmerksam, er kam auch mit seiner Frau, zu mir, und sie taten, als ob sie das Bild schon gekauft hätten. Die Frau bestellte noch ein paar Disteln in den Vordergrund und einige Wolkenschäflein in den Himmel. Meine Mitschüler gratulierten mir. Die Frau Gräfin kam wiederholt ins Atelier und war mit Disteln und Wölkchen zufrieden, ich war voll angenehmer Hoffnung. Das Bild stand fertig da, aber weder Graf noch Gräfin ließen sich mehr sehen, und als ich sie auf der Straße höflich grüßte, so sahen sie mich fremd und verwundert an, als kennten sie mich nicht. Es war eine schwere Enttäuschung. Ein paar bittere Bemerkungen, die ich im Tagebuch schwarz durchgestrichen habe, hängen wohl mit dieser Sache zusammen. Am 15. November war ich im Konzert, welches Richard Wagner selbst dirigierte. Ich war tief ergriffen und fühlte die Macht dieser großen Kunst.

10

Schirmer war nicht mehr. Zu dieser Zeit wäre der Einfluß dieses tatkräftigen Künstlers für mich höchst wertvoll gewesen. Er war ein großdenkender Künstler, und so wußte er seinen Schülern Selbstvertrauen zu geben, er ging über Kleinigkeiten hinweg. Ich erinnere mich, wie Schick, der in Vertretung des Coudres die Malklasse leitete, mich bei Schirmer verklagte, daß ich nachlässig am Kopfmodell arbeite und nebenbei an einem Bildchen male. Schirmer führte ein ziemlich strenges Regiment, er kam in die Malklasse und hielt mir die Ungehörigkeit meines Tuns vor. Was konnte ich anders sagen als, ich will's nimmer tun! Unter der Tür kehrte er aber nochmals um und fragte: »Was haben Sie denn nebenher gemalt?« Und als ich ihm das Bildchen zeigte, es war ein Winterbildchen, da sah er es sehr lange an und sagte: »Ei, das ist ja ganz gut. Machen Sie das Bild fertig, Sie können ja noch genug Köpfe malen«. Das Bild wurde auch vom Kunstverein angekauft und kam später in den Besitz des Großherzogs. Lessing korrigierte nun, und ich bewunderte besonders seine Landschaften sehr.

Canon hatte großen Einfluß fast auf alle Kunstschüler. Er erweckte die Absicht derselben, eine vernünftige Art des handwerklichen Vorganges für die Malerei kennenzulernen. Die Lasurtechnik auf Grauuntermalung wurde allgemein probiert. Mich wollte Canon zu einer Art von Mitarbeiter ganz in Beschlag nehmen, ich wollte auch gerne darauf eingehen, aber Canons Freund Schick verhinderte dies, indem er mich auf allerlei Gefahren aufmerksam machte, wenn ich mich Canon so ganz hingäbe. Es wäre jedenfalls nicht so gefährlich geworden, und ich hätte viel Positives gelernt. Mit Canon kam ich durch das Wiederabsagen dann so ziemlich auseinander, aber ich hatte das Gefühl, von ihm vieles gelernt zu haben. Doch meine ich, daß die Jahre 1863-1864 voll innerer und äußerer Verworrenheit für mich waren.

Im Winter 1863-1864 war ich in Maler- und Musikergesellschaft leichtsinnig und gleichgültig. Da lernte ich aber auch einen Freund fürs Leben kennen, den Maschinenbauer Hermann Schumm. Er war eine fröhliche Natur und machte gern allerlei Tollheiten und Schalkstreiche mit, aber im Grunde war er eine ernste, ja fromme Seele, und wie wir uns näher kennenlernten, gelang es uns gemeinschaftlich, uns aus dem ärgsten Schlendrian zu retten.

Verwilderung und Sentimentalität zeigen manche Aufzeichnungen aus dieser Zeit. Fast immer war ich ohne Geld, aber wir leichtlebigen Gesellen halfen einander getreulich aus mit Verleihen im Betrag von 30 Kreuzer bis 1 Gulden. Der gute Osteroht wußte meist in ärgster Not etwas aufzutreiben. Stipendium erhielt ich 1864 keines. Der Sommer dieses Jahres war eine unglückliche Zeit für mich; ich sehnte mich nach Bernau und konnte nicht hin. Ein Bild, das ich gemalt, auf das ich Hoffnung setzte, daß der Kunstverein es ankaufen würde, hatte nicht diesen Erfolg. Durch Verkauf einiger kleinen Zeichnungen brachte ich doch so viel zusammen, daß ich am 1. August wieder in Bernau war. Langsam atmete ich wieder auf. Der Aufenthalt in der Natur stärkte mich an Leib und Seele. Ich war öfters in Schönau, wo Amtmann Hepting einige Bildchen von mir malen ließ. Im November war ich wieder in Karlsruhe, dort gab ich Kindern in ein paar Familien Zeichenunterricht. Ich erinnere mich an ein etwa 13jähriges Mädchen, die zeichnete unter meiner Anleitung die Porträts ihrer zwei jüngeren Brüder, und ich war höchst überrascht, daß sie die Zeichnungen ganz genau so machte, als ob ich sie gemacht hätte. Das Kind hatte vorher nicht gezeichnet. Ich hatte an der Zeichnung nichts gemacht, nur etwa die Größe angegeben. Ich stand hinter der Zeichnerin, und wie ich dachte, so sah und machte sie das Bild, es war mir, als ob ich unsichtbar die fremde Hand führte, als ob sie ein Werkzeug meines Willens wäre. Man hätte dann die fertigen Bilder ganz gut für Zeichnungen von mir ausgeben können. Das, was das Kind sonst für sich zeichnete, war nichts anderes als das, was Mädchen in ihrem Alter zeichnen können. Ich zweifle nicht daran, daß hier ein Fall der geheimnisvollen direkten Beeinflussung vorlag.

In diesem Winter verkaufte ich den Gräflichen »Sommermorgen« an einen Kunsthändler für 150 Gulden.

Gude war als Professor an Schirmers Stelle getreten. Er war liebenswürdig und korrigierte mit Eifer, aber so recht verstanden wir uns von Anfang an nicht. Gude zog mich in die Karlsruher »Gesellschaft«.

Der Frühling 1865 brachte mich in muntre Tätigkeit. Ich arbeitete mit Emil Lugo im Atelier. Schick interessierte sich sehr für meine Arbeiten. Es war eine Zeit des Aufschwungs für mich und großer Tätigkeit. Ein Bild aus dieser Zeit, »Auf Bergeshöhen«, kaufte der Großherzog für 200 Gulden. Doch war große Unsicherheit. Bald korrigierte Schick Canon, bald Gude des Coudres. Anfang Juni besuchten mich meine Mutter und Schwester und Onkel Ludwig. Sie besuchten Tante Marie, die im Hardthaus ein Altersasyl gefunden hatte. Ende Juli war ich wieder in Bernau. Gude schrieb mir, und da er wußte, daß ich kein Geld habe, schickte er mir 100 Gulden Vorschuß auf die Aussicht hin, daß ich eine Wiederholung »Auf Bergeshöhen« in Wien verkaufen würde, was auch durch seine Vermittlung richtig eintraf.

Am 16. September 1865 finde ich folgenden Eintrag in mein Buch, der auf eine richtig beschauliche Stimmung schließen läßt:

»Ich habe die stillen Herbsttage so lieb; ich sitze oben auf dem Berghang zwischen grauen Felsblöcken, über dem Tal liegt schon blauendes Dämmerdunkel, in dem der silberne Bach glänzt. Ich sitze in verworrenen Träumen, in seelischem Dämmerzustand. Da schleicht ein Fuchs aus dem Walde, ganz nah bei mir spielt er und tummelt sich in wunderlichen Sprüngen. Er nimmt mich nicht wahr, da ich einen grauen Anzug von der Farbe der Felsblöcke habe. Er kommt mir unheimlich nahe, so daß ich mich rege, worauf er dem Wald zueilt. Dunkler wird die Erde, über dem Tal glänzen die Sterne. Aus einem Hause ertönt sanfter Gesang – ich bin still und glücklich!«

Im Oktober machte ich so eine Art von Studienreise nach Säckingen, wo Verwandte wohnten. Dann über Herrischried, wo ich ein altes Hozenkostüm kaufte. Ich übernachtete in Herrischried. Der neue 65er Wein war gar herrlich geraten, und ich habe viel getrunken. Der Suser hat seine Tücken. In Bernau malte ich noch einen Geometer Rosenmaier bei seinem Meßapparat, er gab mir 25 Gulden dafür.

Ich verkehrte diesen Winter viel in den Sonntagsnachmittags-Kaffeegesellschaften Lessing, Schrödter, Gude – Canon war arg verpönt.

In einem Mädchenpensionat gab ich wöchentlich zwei Zeichenstunden. Nicht der Unterricht, aber der Umgang mit den Kindern machte mir viel Freude.

Ein Architekt, von Strahlendorf aus Frankfurt, hatte mir

Dürers Holzschnitte vom Marienleben geliehen. Die erste Nacht, da ich sie ansah, schlief ich vor freudiger Erregung gar nicht ein. Lange Zeit sah ich nachher die Natur in Dürerscher Form. Lebhaften Anteil nahm ich an den Frühlingsausflügen der Gesellschaft und an den frohen Spielen, die sie im Wildpark, in Rintheim, Grötzingen, Wolfahrtsweier aufführte, und ich freute mich meiner Jugend und meines Lebens. Mit Ernst Sattler befreundete ich mich, der zu der Zeit auch in der Gesellschaft verkehrte. Der Sechsundsechziger Krieg hat nicht viel Eindruck auf mich gemacht, ich war zweigeteilt zwischen Österreich und Preußen, aber Bismarcks Kraftnatur hat mir Eindruck gemacht. Aber was geht eigentlich die Politik einen armen Künstler an, der so wenig Aussicht auf eine sichere Zukunft hat; der so gar keine »Stellung« zu erreichen vermag. Es war mir unbehaglich in der Karlsruher Gesellschaft. Wo sollte das hinaus? Ein Klügerer wäre wohl andre Wege gegangen. Mir genügte der Zufall, daß mein Freund Schumm in Basel an einer Gewerbeschule Lehrer war und mir schrieb, es würde wohl auch für mich in Basel eine ähnliche Stellung geben. Das erfüllte mich mit Hoffnung.

Ende Juli in Bernau angekommen, war ich sehr fleißig, malte ein Doppelporträt von Mutter und Schwester in der Bibel lesend. Malte auch ziemlich groß den Eingang in unser Haus, ins Uhrenmachers Haus. Mit Schumm machte ich aus, daß ich zu ihm nach Basel ziehe, freilich ein planloses Unternehmen. Am 13. Oktober 1866 zog ich bei dem treuen Freund und seiner Schwester ein. Die Basler Galerie wurde mir wieder sehr lieb, zum Arbeiten kam ich nicht so recht. Es lastete ein drückendes Gefühl auf mir, große Sorgenlast. Ich sah ein, daß ich nicht in Basel bleiben konnte. Es war mir unheimlich, da Mutter und Schwester, durch meinen Basler Aufenthalt verlockt, sich verleiten ließen, nach Lörrach zu ziehen, wo eine Schwester von der Mutter wohnte. Es war mir entsetzlich, dort waren sie doppelt arm. Am 6. November kamen sie nach Lörrach, und wenn ich sie von Basel aus besuchte, konnte ich ihnen so gar nichts Tröstliches sagen.

Das war ein starker Gegensatz zu den Karlsruher Gesellschaftsglacéhandschuhen!

Bei meinem zurückhaltenden Wesen konnten mir ein paar Empfehlungen, die ich von Karlsruhe an Basler Familien hatte, gar nichts nutzen. Die Aussicht auf eine Zeichenlehrerstelle verlor sich. Auch die Versuche, Privatunterricht zu geben, zerschlugen sich. Eine kleine Hilfe war, daß der Stuttgarter Kunstverein ein Bildchen für 60 Gulden von mir kaufte.

Am Sylvesterabend war ich mit Mutter und Schwester und den Verwandten in einer Versammlung gläubiger Altlutheraner, deren Pfarrer Eichhorn eine Rede hielt: »Christus ist das Einzige der Welt gegebene Heil!« Der Ernst dieser gläubig vertrauenden Menschen tat mir wohl. Mein Herz war weich, recht weich, und darum fühlte ich mich stark.

Im Januar 1867 baute ich die Basler Hoffnungen unwiderruflich ab, und mit Schumms Geldhilfe machte ich mich auf, nach Düsseldorf zu gehen. Mutter und Schwester waren verlassener als je. Aber ich mußte wagen und hoffen. Ich ging nach Karlsruhe, wurde von der Gesellschaft gut aufgenommen und ging am 16., mit Empfehlungen von Schrödters und Gude ausgerüstet, nach Düsseldorf. Dort war Philipp Röth, der gute Freund. Ich besuchte mit meinen Empfehlungen einige Professoren; es blieb bei dem einen Besuch. Einer der Professoren war recht freundlich und schien sich meiner annehmen zu wollen, er kam in mein kleines Atelier, lobte meine Sachen, lieh auch einige Studien von mir, die er gebrauchen könne. Sonntags war ich ein paarmal bei ihm zu Tisch und nachmittags mit seinen freundlichen Töchtern gar gerne zusammen. Eines Sonntags veranlaßte er mich, eine Mappe mit Zeichnungen und Studien von mir mitzubringen, die er einer Tischgesellschaft zeigen wollte, das war mir immerhin schon peinlich. Die Gesellschaft sah die Arbeiten, und ich fühlte lebhaft, wie fremd dieselben den Düsseldorfer Anschauungen seien. Da richtete der Professor sehr ernst das Wort an mich, fragte wie lange ich denn schon Maler sei, und dann, daß ich für diese lange Zeit noch gar wenig, ja eigentlich gar nichts

Ziegenhirten (Mutterslehen II, Radierung, 1916)

könne, daß ich jetzt erst anfangen müsse und daß ich mich mal auf den Düsseldorfer Ausstellungen umsehen sollte, was junge Leute schon machten, daß er aber, wenn ich seiner Leitung folge, mich bald zu etwas bringen wolle. Das sagte er mir vor der ganzen eingeladenen Gesellschaft. Das war aber ein Punkt, wo ich, der Schüchterne, ins Gegenteil umschlug und nun auch vor der ganzen Gesellschaft sagte, ich wisse wohl, daß ich noch viel lernen müsse, aber das wolle ich nicht lernen, was ich bis jetzt in Düsseldorf an Malerei gesehen habe. Ich müsse meine eignen Wege gehen, die vorerst nur ich selber kenne.

Unser Verhältnis war damit vorbei. Das hat mir um seiner freundlichen Töchter wegen leid getan.

Nun kam aber eine Zeit der Schulden für Wohnung und Kost, und die Zeit der zerrissenen Stiefel. Ich meinte, daß jeder, der vorüberging, nichts andres zu tun habe, als mir auf die Füße zu sehen, so daß ich hätte rufen mögen: »Sie naseweiser Mann, was gehen Sie meine Stiefeln an!«

Im Mai aber kaufte jemand beim Kunsthändler ein Bild von mir, »Herbststurm«, für 15 Friedrichsdor. Das half der gröbsten Not ab.

Dann lernte ich Otto Scholderer kennen, von dem mir Röth mitteilte, daß er entzückt sei von meinen Bildern, die ich ausgestellt habe, daß er sich beim Mittagstisch dem gering- schätzenden Urteil einiger Genremaler gegenüber sehr in hervorragender Weise meiner Arbeiten angenommen habe. Scholderer war aus Frankfurt, ein hochgebildeter Maler, der fähig war, die Kunst als Ganzes zu erfassen. Er hatte lange in Paris gelebt. Wir wurden Freunde fürs Leben. Sein freies Denken und sein sicheres Können haben mich in der Düssel- dorfer Zeit sehr gefördert. Er lehrte mich einfach arbeiten in naturgemäßer Technik.

Am 17. Juni 1867 fuhr ich den Rhein hinauf, besuchte in Darmstadt Röth und Fritz und kam nach Lörrach. Dort waren die Meinigen recht vereinsamt und verlassen; inzwi- schen waren auch die Verwandten dort fortgezogen. Sie wohnten in einem dumpfen kellerartigen Zimmer. Agathe nähte für die Leute. Es konnte so nicht weitergehen, und so zogen wir nun zu den Verwandten nach Säckingen. Bei meinem Vetter Constantin, Uhrenmacher und Waldseewirt, fanden Mutter und Agathe Wohnung. Ich wohnte beim Kronenwirt. Mein Vetter Fidel Schmid war Buchbinder, und ich saß oft in seinem Laden. Es kamen auch bald gute Nachrichten. Paul Weber in Darmstadt kaufte ein Bildchen für 100 Gulden, und der Rheinisch-Westfälische Kunstverein kaufte eine Landschaft für 150 Taler. Mit Schumm, der von Basel kam, machte ich Ausflüge, einmal auf den Hotzenwald, ein andermal an den Bodensee, wir waren voll Übermut und Mutwillen und neckten uns. In einem Wirtshaus, wo wir übernachteten, tanzten wir auf einer Hochzeit herzhaft mit. Aber ich merkte, daß die Bauernburschen recht unfreundliche Gesichter machten, so daß wir uns aus dem Staube machten und zu Bett gingen.

Mit Mutter und Agathe besuchte ich auch Bernau. Im Herbst verkaufte ich »Ein Mädchen mit Hühnern« an den Karlsruher Kunstverein für 300 Gulden. Es ging also gut, und so konnte ich wohlgemut nach Düsseldorf zurück, zumal ich auch noch ein Stipendium zu hoffen hatte. In Düsseldorf bezog ich ein kleines Atelier neben dem Scholdererschen. Meine in Säckingen gemalten Sachen machten mir viel Freude. Auf Weihnachten erhielt ich 400 Gulden Stipendium. Freilich fanden meine neueren Bilder keinen Beifall bei den Düsseldorfern, und Aussicht auf Verkauf war sehr klein. Ich war aber recht vergnügt und machte im Malkasten alles mit.

11

Am 21. April 1868 ging ich mit Scholderer nach Paris. Es war eine gar schöne Fahrt durch Frankreichs grüne blühende Landschaft. In einem riesengroßen Atelier, das die Frankfurter Maler Steinhardt und Winter bewohnten, wurden noch zwei Betten eingestellt, und so hausten wir zu viert darin. Es war ein fröhlich Leben. Nun gab es täglich zu sehen. Wir besuchten Schreyer, auch Peter Burnitz war dort, lauter Frankfurter.

Von den neuern Franzosen machte den größten Eindruck die »Exposition Courbet« auf mich. Es waren etwa 200 Bilder vereinigt. Diese Freiheit des Schaffens tat mir wohl nach der Ängstlichkeit des Karlsruher und Düsseldorfer Professorentums. Das war etwas Ganzes, war für mich die Malerei. Die Sachen wurden mir so klar, als ob sie meine eignen Sachen wären. Nun glaubte ich, meine Bilder malen zu können. Es war eine schöne Zeit aufblühender Hoffnung.

Wir besuchten Courbet in seinem Atelier; er war ja früher einmal in Frankfurt, daher kannte ihn Scholderer. Er war nicht im Atelier, aber bald erschien oben aus einer Art Verschlag aus einem Guckloch ein großer breiter Kopf, der gutmütig lachte, als er Scholderer erkannte. Er war eben aufgestanden; ein ungekämmter Kopf auf kurzem Halse und breiten Schultern, auch war er wohlbeleibt, und als Scholderer hierüber scherzhaft etwas bemerkte, so verstand ich aus allem Französisch heraus nur das Wort Bier. Er trank, wie aus Frankfurt und München bekannt war, sehr gern und viel Bier.

Im Tagebuch ist eine Art Aufzählung der Bilder aus der Exposition Courbet. Das hier aufzuführen hat keinen Zweck, ebensowenig die Äußerungen über die Bilder des Louvre, von denen ich entzückt war. Über den Salon spreche ich sehr abfällig. So eine Bilderanhäufung hat halt etwas sehr Ermüdendes. Was ich geschrieben habe, könnte von einem bissigen Kritiker geschrieben sein, und ich bemerke, daß ich auch hierzu Talent gehabt hätte.

Unterwegs einmal begegnete ich zufällig Anton von Werner; wir freuten uns sehr. Am Nachmittag besuchte ich ihn in seinem Atelier. Dann aßen wir irgendwo zu Abend in einem kleinen Lokal, wo viel Deutsch gesprochen wurde. Um 10 Uhr begleitete mich Werner heim in die Avenue Montagne.

Ich fürchte, daß das Aufzeichnen der Begebenheiten durch

all die Jahre hindurch den Leser verleiden könnte, denn ich gestehe, auch mir wird es langweilig. Von Bernau nach Karlsruhe, von Karlsruhe nach Bernau, was kann das einen viel angehen. Es scheint mir auch, daß in einer Lebensgeschichte nur die geistige Entwicklung von Bedeutung sein kann. So wie die Einheit der Seele durch all den Zufall des Geschickes hindurch sich wahrt und bestehenbleibt – die Seele, die durch den Lebenslauf hindurch zu einer Erkenntnis ihrer selbst zu kommen sucht.

»Erkenne dich selbst!« Das scheint mir freilich ein zweischneidiger Ausspruch zu sein, und es ist gut, daß dies nicht so leicht möglich ist, sonst würde man gar oft dazu kommen zu sagen: »Nun fürchte ich mich vor niemand mehr als vor mir selber«.

Wie die Seele sich durch Raum und Zeit hindurchwindet, das dürfte es sein, worauf es im Lebenslauf ankommt.

Geboren werden, verpflichtet, jeder hat an dieser Schuld abzuzahlen. Der Rest, der übrig bleibt, fällt dem unbarmherzigen Gerichtsvollzieher Tod in den Schoß.

Ich werde nun öfters das Erzählen vom Gang der Ereignisse unterbrechen mit derartigen Erörterungen, die ich noch in alten Tagebüchern finde, oder die mir auch neu während dem Schreiben einfallen.

Aber ich fahre fort, denn ich bin bei dem Kapitel Paris. Bei Scholderers Freund, dem Maler Fantin, sah ich japanische Malereien, die mir einen gar schönen Eindruck machten; sie erinnerten mich an meine lieben Altdeutschen, die mich auch in Paris lebhaft angezogen haben, wo ich ihnen in Sammlungen begegnete. Ich habe mich in Paris wacker umgesehen und fühlte mich von den schönen Eindrücken erfüllt, so daß ich an die Heimkehr denken mußte – ja mußte –, denn ich hatte kein Geld mehr.

Am Abend des 6. Mai 1868 brachte mich Scholderer an den Straßburger Bahnhof und kaufte mir ein Billet nach Basel. Mit dem Schnellzug ging es nun in der Nacht durch das Land. Das Coupé war überfüllt, und es war mir etwas ungemütlich, daß ich nicht Französisch konnte. Der Mond ging auf und schimmerte geheimnisvoll durch die schlanken Gipfel der französischen Bäume und glänzte in Flüssen und Bächen, es war eine zauberhafte Nacht. Um 12 Uhr in Troyes leerte sich der Wagen. Schlafen wollte ich nicht, ich sah immer wieder in die mondbeglänzte Nacht hinaus und war in glücklicher Stimmung. Die Morgendämmerung war auch schön; wir fuhren durch eine gar schöne Frühlingslandschaft. Wir kamen an Belfort vorüber. Altkirch, die erste Station mit deutschem Namen. Von Mülhausen ab war ich allein im Coupé . Ich war so fröhlich, daß ich sang, denn ich hatte immer noch einundeinhalb Franken Geld in der Tasche. Um 9 Uhr war ich beim Freund Schumm und seiner guten Schwester in Basel. Schumm und ich lachten wieder unser gehörig Teil. Wir machten Ausflüge in die Gegend, es waren gar herrliche Maitage, und meine Augen sogen viel von der Schönheit ein. Schumm half mir mit 50 Franken aus der ärgsten Not, und so fuhr ich über Schopfheim, Wehr und Todtmoos nach Bernau. Wieder in der alten Heimat, wohin auch Mutter und Schwester von Säckingen zurückgekehrt waren. Wir wohnten im Joglishaus, dem Stammhaus meines Vaters, meinem Geburtshaus – ich in einem kleinen vertäfelten Stübchen. Eine Haupteigenschaft, die mich beherrschte, war die Neugierde. Es wurde mir zur Gewohnheit, gar oft bei der Aussichtslosigkeit, die meinen Lebensgang verhüllten, zu fragen: Wie wird es jetzt gehen? Wo hinaus? Und gerade jetzt war es so aussichtslos um mich herum, ich war sogar neugierig, was ich jetzt für Bilder malen würde, nach all den Eindrücken aus Paris. Was sollte ich anfangen? Einstweilen grundierte ich Leinwand. Dann malte ich Agathe im kleinen Stübchen einen Frühlingsblumenstrauß auf den Tisch, und ich sah, daß es gut war! Über die Pfingsttage war Schumm bei mir. Trotz allen Sorgen war ich arbeitsfroh. Ich grundierte große Leinwände, auf eine derselben malte ich Mutter und Agathe und einen kleinen Bub und ein Huhn im Garten; die Figuren etwa halblebensgroß. Ein Engländer, Thomas Tee aus Manchester, hat es später auf der

Ausstellung in München für 800 Mark gekauft. Leider, denn es ist dadurch ganz verschollen, es war eines meiner besten Bilder. Auch noch einige andre Bilder, die ich in diesem Sommer malte, hat Th. Tee in München gekauft. Daß jemand sie in Deutschland gekauft hätte, war unmöglich. Lugo kam und blieb den Juli über und blieb bis in den August hinein. Es war ein recht vergnügliches und arbeitsreiches Zusammensein. Mit dem Datum 8. September steht im Tagebuch: »Not, nichts als Not, von nirgend her ein Schimmer von Hoffnung. Was soll ich beginnen, wo soll ich hin im Winter? Ich weiß, daß meine Bilder unverkäuflich sind, sie sind so ganz anders, als man in Karlsruhe und Düsseldorf die Bilder haben will. Ich habe nicht einmal so viel Geld, daß ich mit ruhigem Gewissen Briefe fortschicken kann. Seit vier Wochen kein Geld, und auch meine Arbeitskraft fängt an, unter der Stimmung zu leiden«.

Wie schon so oft hat mich der gute Schumm durch Zusendung von 20 Gulden von der ärgsten Not gerettet.

Am 19. September 1868 reiste ich von Bernau nach Säckingen. Mutter und Schwester kommen auch wieder, um den Winter in Säckingen zuzubringen. Wie und was werden soll weiß ich nicht. Ich hatte meine Bilder in St. Blasien ausgestellt, ich dachte dort daraufhin Geld zu leihen, aber ich hatte nicht den Mut dazu. Freies Urteil über meine Bilder hat ja niemand. Nur ich allein weiß, daß sie gut sind.

Vielleicht finde ich in Säckingen jemand, der ein kleines Bildchen von mir nimmt, sie sind ja so billig.

2. Oktober 1868, mein Geburtstag, in trostloser Lage, ich muß mir selber immer Mut, Mut zurufen. Auch muß ich die Mutter noch trösten und darf es nicht zeigen wie verzagt ich bin. Gestern nachmittag ging ich ihnen bis Wehr entgegen. In Basel, wo Schumm immer noch war, stellte ich meine Sommerarbeiten aus. Sie gefielen aber gar nicht, und ich selber erschrak ein wenig, als ich zwischen der Buntheit der andern Bilder meine ernsten, etwas dunkeln Sachen stehen sah – sie sahen vollständig unverkäuflich aus. Aber dies verdarb mir

den Humor doch nicht, denn mit Schumm war ich in Grenzach bei der Weinlese in ausgelassener Lustigkeit.

Goldner Leichtsinn, du hast mich doch oft gerettet aus der Trübsal des Daseins.

Am 8. Oktober ging ich von Säckingen fort, fast planlos, wo sollte ich hin? Meine Bilder schickte ich von Basel nach Karlsruhe. Ich ging nach Freiburg zu Lugo – seine neuen Arbeiten freuten mich. Ich trieb mich ein paar Tage in der schönen Gegend von Freiburg herum. Abends saßen wir beim Bier mit eifrigen Kunstgesprächen, es war ein katholischer Geistlicher, Finneisen, dabei und ein Musiker Dimmler. Dann ging ich nach Kirnbach, wo Scholderer den Sommer über gemalt hatte. Er hatte eine Mühle gemalt (die ich 1904 der Karlsruher Galerie schenken konnte). Dort lernte ich die so gastfreundlichen Pfarrersleute Krummel kennen. Eines Sonntags gingen wir nach Hohenstein bei Schiltach. Dort war Frau Susanna Wucherer, die sehr viel Kunstsinn hatte und hübsch zeichnete. Wir kamen in ernste Gespräche, aus denen sich eine schöne Freundschaft entwickelte, die bis zu dem Tode der guten Frau sich erhielt. Ich blieb ein paar Tage in Hohenstein und machte mit Herrn und Frau Wucherer Ausflüge nach Schramberg, ins Bernecktal, nach Alpirsbach. Auch machte ich eine kleine Zeichnung von Hohenstein und den Fabrikgebäuden. Später ging ich dann nach Hornberg und nach Triberg. Ich ging dann noch einmal nach Kirnbach, und am 21. Oktober war ich wieder in Karlsruhe. Ich hatte meine Bilder ausgepackt und wollte mit ihnen eigentlich wieder nach Düsseldorf. Aber Professor Gude sprach sich sehr günstig über die Bilder aus und meinte, ich sollte doch wieder in Karlsruhe bleiben. Auf meine Befürchtung, daß es mir in Karlsruhe weniger möglich sein würde zu existieren als in Düsseldorf, sagte er mir, daß, wenn er und seine Freunde für mich seien, ich gewiß in der Hinsicht sicher sein könne. Er sprach auch die Erwartung aus, daß sich mit der Zeit die extremen Seiten meines Schaffens abschleifen würden. Auch eine leise Warnung vor Canons Schlingen wurde eingeflochten. Ich erklärte, daß ich durchaus keine Parteiinteressen hätte, da ich mit mir allein vollauf zu tun hätte und daß ich nur bestrebt sei, mich in der Kunst so viel wie möglich zu vervollkommnen. Ich blieb in Karlsruhe.

Meine Bilder stellte ich nach und nach im Kunstverein aus. Aber da gab's einen geradezu lächerlichen, mir unbegreiflichen Sturm. Der Philister, der sich Kunstfreund und -kenner weiß, er geht doch jeden Sonntagvormittag in den Kunstverein, versteht keinen Spaß, wenn ihm etwas vorkommt, das seine Kennerschaft dadurch ins Wanken bringen will, daß es aus einer andern Seele herstammt, als die ihm vorgestellt ist. Eines Tages kam Professor Gude ganz aufgeregt zu mir ins Atelier, er habe mir etwas mitzuteilen, er wisse gar nicht recht, wie er es mir sagen könne; mir wurde schier Angst, und ich besann mich, ob ich in letzter Zeit irgend etwas Strafwürdiges begangen hätte. Aber ich hatte ein ruhiges Gewissen. Er teilte mir nun mit, daß in der Sitzung des Kunstvereinsvorstandes eine von vielen hervorragenden Mitgliedern unterzeichnete Schrift eingegangen sei, in welcher der Vorstand ersucht worden sei, mir das Ausstellen meiner Bilder ein für allemal zu verbieten. Natürlich sei der Vorstand nicht darauf eingegangen und habe erklärt, daß meine Bilder zwar eigenartig, aber doch künstlerisch seien. Da er es aber gut mit mir meine, möchte er mir doch raten, mit dem Ausstellen vorsichtiger zu sein. Ich war nun sehr ruhig, da ich hörte, daß nichts Schlimmeres gegen mich vorlag. Es entwickelte sich nun ein Gespräch über Kunst und Publikum, wo wir recht verschiedener Ansicht waren. Ich mußte mein Recht verfechten, so zu malen, wie ich es für gut finde, wie ich es meiner Fähigkeit nach kann. Er vertrat den Standpunkt, daß der Künstler sich nach dem Publikum richten müsse, da er doch für dieses zu schaffen berufen sei. Es war der alte unfruchtbare Zank, und meine Starrheit reizte den Herrn Professor so, daß er zum Schlusse erklärte, er halte es für seine Pflicht, derartigen Bestrebungen in der Kunstanschauung entgegenzutreten.

Aber die alte Geldnot hat mich hart bedrückt, so daß derartige Kunstmeinungsstreitereien davor nicht viel bedeuteten. Schumm war inzwischen nach Karlsruhe zurückgekehrt; er half für das Notwendigste. Auch der getreue Osterroht, der selber nichts hatte, wußte oft Mittel und Wege, um sich und mir zu helfen.

Im Juli kaufte Kunsthändler Lepke aus Berlin einen in Baden-Baden ausgestellten »Feldblumenstrauß« für 100 Gulden. Steinhausen brachte durch große Beredsamkeit den Kauf zustande.

Scholderer kam einmal nach Karlsruhe. Er nahm das Bildchen »Agathe am Nähtisch mit Blumenstrauß« mit nach Frankfurt und verkaufte es für mich dort für 100 Gulden. Es gelang mir, es später gegen eine Landschaft zurückzuerhalten. Jetzt hängt es im Thomamuseum. Es ist ein Bildchen, das tiefen Frieden atmet, es ist die Kunst der Malerei darin, die nicht nach Bewegung und Unruhe strebt, sondern die durch Schauen das Geheimnis der Stille des Seins erfaßt; daß die Lebensunruhe, die Misere des Geschicks, nie Einfluß gewonnen hat auf meine Malerei, das hat mich aus all den Gefährlichkeiten, die das Leben für mich brachte, gerettet. Fast immer, wenn ich malte, kam dies reine Schauen, das frei ist von den Begebenheiten, von den Begehrlichkeiten, losgelöst von dem Wirbel von Ursache und Wirkung. Es war die Ruhe, welche die Kunst geben kann, welche die Oberhand bekommt über alle Widerwärtigkeiten, die mir auf dem Lebenswege zugestoßen sind. Das Feuer des Lebens, das in mir ja auch lebhaft gebrannt hat, konnte ich immer eindämmen und dazu benutzen, meine stillen Bilder zu gestalten. So war meine Arbeitskraft bei allem Mißgeschick doch unverwüstlich. Es ist mir, als ob zwei Seelen in mir gewaltet hätten, eine, die unter dem widrigen Geschick litt und mit ihm kämpfen mußte, wenn sie nicht vernichtet werden wollte, und eine ruhige, aufbauende, welche von Äußerlichkeiten nicht berührt wurde. Dieser Seelenzwiespalt ist wohl bei jedem Menschen, nur äußert er sich besonders deutlich beim schaffenden Künstler.

Landschaft mit Hahn (Algraphie, 1901)

Im Januar habe ich die zwei Kinder des Maschinenfabrik-
direktors Groß gemalt, welches mir doch auch wieder einiges
Geld einbrachte. So mache ich auch Vergnügungen mit, tanze
und laufe Schlittschuhe. Auch kam ich ein paarmal, aber
meist guten Freunden zulieb, in Raufhändel. Zwischen den
Malern in der Kunstschule war viel Streit, und sie drohten sich
mit Duellen. Wo ich konnte, suchte ich zu vermitteln; hatte
übrigens nicht allzuviel Sorge, daß Maler sich verletzen, aber
einer nannte den andern Feigling. Es waren freilich einige
rabiate Menschen darunter.

Im August habe ich folgendes ins Buch geschrieben:

»Am Sonntagmorgen war ich allein im Wildpark. Endlich,
nach langem, zerstreuten Leben kommt es über mich wie
Besinnung in der Waldesruh, wie Gottesfrieden. Es ist so still,
der Menschenlärm ist weit weg. Ich bin so recht allein mit mir
selber, ganz allein, daß ich wieder einmal meine ruhige Seele
fühle, fühle, daß sie doch die Herrin über alles mißliche
Geschick – daß sie es bezwingen kann, denn sie ist unsterblich. Vergängliches kann ihr nichts anhaben, so weicht das
Sorgenheer, das mich umlagert, es ist mir, als ob ich niederknien sollte in stummer Anbetung. Das Geheimnis der Seele
will so sich mir offenbaren, es ergreift mich mit stiller
Ahnung, was Menschsein heißt – was Kunst ist.«

In Berghausen und Grötzingen war ich, unterwegs hatte
ich einen Strauß von Wiesenblumen gepflückt. Ich ging im
Abendsonnenschimmer langsam durch Grötzingen, die Hände mit dem Blumenstrauß auf dem Rücken. Kinder spielten
auf der Gasse, die Leute hatten Feierabend und saßen vor den
Häusern. Plötzlich wurde mir der Strauß aus den Händen
gerissen, und als ich mich umsah, sprang ein lachendes, etwa
4jähriges Mädchen mit dem Strauß davon, seinem Hause zu.
Dieser Blumenraub hat mich sehr gefreut, und ich gab nicht
zu, daß die Mutter dem Kind die Blumen nehmen und mir
zurückgeben wollte. Die Blumenfreude, die das kleine Wurm
zu seiner kühnen Tat veranlaßte, hat mich sehr erfreut.

12

Leider habe ich in diesem mir so trübseligen Jahr 1869 die Schwäche gehabt, auf Professorenrat einige sehr gute Bilder vom Sommer, direkt nach der Natur gemalte Bilder, verkäuflich herrichten zu wollen. Sie wurden dadurch ganz zerstört. Es tut mir jetzt leid darum, sie waren aus einer so schaffensfreudigen Zeit.

Unter Gudes Korrektur malte ich auch eine Landschaft, die sogar im Kunstverein gefiel. Am Mittagstisch, wo Maler und andre junge Leute speisten, kam ein Polytechniker direkt vom Kunstverein. Er kannte mich nicht, und so sagte er zu den Malern: »Jetzt ist ein Bild von dem Thoma ausgestellt, das gar nicht so schlecht ist.« Man kam ein wenig in Verlegenheit, und so stellte mich einer der Maler dem Herrn vor, worauf der sich entschuldigen wollte, was ich abwehrte, weil er gesagt habe, mein Bild sei gar nicht so schlecht; das bedeute doch immerhin ein Lob. Es wurde mir von einer Seite auch Hoffnung gemacht, daß der Großherzog das Bild kaufen würde. Ich dachte schon daran, mit dem Geld zu Scholderer nach Paris zu gehen. Die Hoffnung war aber umsonst. Ich habe das Bild später in München dick mit Ocker und Umbra übermalt und habe eine dunkle Abendlandschaft mit heimkehrender Viehherde daraus gemacht. Viktor Müller nannte dann das Bild die überlebensgroße Landschaft. Der Maler Schuch hat es später von mir gekauft.

Nach der gescheiterten Hoffnung war ich aber doch recht rat- und geldlos, und ich wußte, daß es jetzt hohe Zeit sei, von Karlsruhe fortzugehen. Es waren bedenkliche Zeichen, daß es nicht für mich ratsam sei, länger zu bleiben.

In die Sonntagsnachmittags-Kaffeegesellschaft mochte ich nicht mehr gehen, denn ich wußte, daß man dort Spott und Mitleid mit mir hatte, ein gewisser Salat wurde von Witzbolden Thomasalat genannt.

Eine sehr trübe Neujahrsbetrachtung vom Jahre 1870 will ich nicht aufnehmen – wozu alten Jammer aufrühren. Es zeigt sich darin so eine Art von verzweifelter Zerstörungslust. Ich möchte alles, was ich gemacht habe, zertrümmern, mit einer Hoffnung im Hintergrund, daß ich dann Neues und Besseres machen würde, das ist freilich fast immer eine trügerische Hoffnung. Leid tut es mir freilich jetzt, daß ich wirklich beim Fortgehen von Karlsruhe eine große Anzahl von Ölstudien und Zeichnungen, weil sie mir lästig waren und ich keine Kiste zum Einpacken hatte – es waren ähnliche Sachen wie die, welche jetzt als kleine Ölstudien und Zeichnungen im Thomamuseum hängen – es waren Hunderte von Sachen – verbrannte. Es kommt mir dies jetzt, wenn ich zurückschaue, wie ein Eingeständnis der Niederlage vor, die ich im Jahre 1869 in Karlsruhe erlitten hatte – das Brandstiften und Zerstören auf dem Rückzuge – wir leben jetzt in den schrecklichen Kriegsjahren, da möge man solch ungeheuerliche Vergleiche entschuldigen. Wie ich den Rückzug weiter bewerkstelligt habe, weiß ich nicht mehr genau. Am 13. Mai bin ich von Karlsruhe fort und war ein paar Tage bei Lehrer Ruska in Bühl, freute mich an der Ruine Windeck, am Bühlertal und der herrlichen Gegend. Von da ging ich nach Schiltach zu Wucherers, verlebte dort in der Behaglichkeit guter Verpflegung in dem schönen an der Kinzig gelegenen Garten eine gute Zeit und konnte die Karlsruher Niederlage ganz vergessen. Ich wußte, daß ich unversehrt aus dem Kampfe hervorgegangen sei. Ich war zwar eine weiche, jedoch keine weichliche Natur. In dem schönen malerischen Schiltach zechte ich in der Krone mit Wucherer und betätigte mich eifrig am Kegelspiel. Wir machten gar schöne Ausflüge, so in das Kirnbachtal zu Pfarrer Krummels. In Wucherers Garten malte ich auf Fensterläden im Gartenhäuschen aus dem Stegreif einen Hochzeitszug – eine gar leichtsinnige Arbeit. Auch ein Blumenstilleben malte ich, welches mir Wucherer abkaufte. Am 1. Juni ging ich nach Freiburg zu Lugo. Ich zeichnete den Kapellmeister Hauser. Fräulein Thirry kaufte eine Tuschzeichnung »Hexenzug«. Am 8. Juni ging ich nach Säckingen, weil ich Nachricht bekommen, daß

Agathe an den Masern erkrankt sei, es wurde aber bald besser. Ich zeichnete fleißig am Rheinufer und im Tannwald. Ich kümmerte mich um nichts in der Welt, so die richtige Malerstimmung. So las ich auch keine Zeitung und war höchlichst überrascht, als ich eines Abends mit der Studienmappe ins Städtchen zurückkam, dort eine ungeheure Aufregung herrschte, weil Frankreich den Krieg erklärt hatte. Schon am andern Tage mußten die Soldaten einrücken. Es herrschte eine bange Stimmung, da ja die französische Grenze gar nahe war; man nahm fast als sicher an, daß nun die Franzosen kommen würden. Es war viel Streit mit den Schweizer Nachbarn, die offen französisch gesinnt waren. Aber da kam die Schlacht bei Wörth, und Säckingen war voll Siegesjubel. Am Sonntag gingen die Säckinger nun stolz über die Rheinbrücke, machten ihren Morgenspaziergang und tranken ihren Frühschoppen in der Schweiz drüben in Stein, die Schweizer waren etwas kleinlaut geworden. Es gibt wohl keine ärgere Geißel für die Menschheit als der Krieg, doppelt schrecklich, weil man nicht ganz von dem Gedanken loskommt, daß sie sich mit vieler Mühe diese Geißel selbst geflochten hat. Das Fressen und Gefressenwerden, welches die Welt beherrscht, kommt im Krieg zum unverhüllten schrecklichen Ausdruck. Schrecklich ist der Völkerhaß, er scheint aus den tiefsten Abgründen des Menschengeistes, ohne Grund, unergründlich aufzusteigen.

Meine Finanzverhältnisse wurden wieder einmal bessere. Ich glaube es war auf Gudes Veranlassung, daß in Wien ein Bild von mir, »Hochzeitszug durch Kornfelder«, für 400 Gulden gekauft wurde.

Im September war ich bei Romer in St. Blasien. Der September, da die Sonne im Zeichen der Waage steht, ist ein gar schöner Monat. Er hatte was Ruhig-Sicheres, Ausgeglichenes. Eines Tages besuchte ich mit der Familie Romer den Pfarrer Beringer in Ibach. Der dunkle Tannwald, durchzogen von Harzgeruch und Rauch der Kohlenmeiler, zwei große Haufen verdampften zu Kohlen, und der Rauch schwebte geistergleich zwischen dem Tannendunkel. Schwarze Männer saßen vor der Rindenhütte, daneben rieselte der kristallklare Forellenbach über das goldbraune Gestein in seinem moosumhüllten Bette. Der Weg führte dann über langgestreckte, bräunlich grüne Viehweidehalden mit Wachholderbüschen und zerstreuten Granitblöcken. Gar eigenartig erklingen die Glocken der am Hügel zerstreut hinwandelnden Kuhherde. Hinter dem Hügel liegt Ibach, ein grünes Wiesentälchen in waldbekränzten Höhen, ein freundliches weißes Kirchlein und Pfarrhaus, und zerstreut wie die weidende Herde die braunen Häuser mit den hellen Schindeldächern. Den Herrn Pfarrer sahen wir von weitem schon zwischen den Weiden am Bache Forellen angeln. Er bewirtete uns dann mit denselben und seinem guten Markgräfler gar köstlich.

Fabrikbesitzer Krafft in St. Blasien bestellte ein Bild bei mir, ein Anklang an Hebels »Morgenstern«. Das gab mir einen guten Halt bei meinem Vorsatz, um mein Glück in München zu probieren.

Von Säckingen machte ich mit Agathe noch einen schönen Herbstgang nach Lörrach und Stetten, wo wir bei Verwandten die Weinlese mitmachten. Es begegneten uns unterwegs viele Leichtverwundete und auf Urlaub gehende Soldaten.

Vom Krieg war, Gott sei Dank, in Säckingen nichts zu sehen, und doch ist der brave Bürger, wie auch ich, darauf aus, etwas zu sehen. Nur einmal wurde bekannt, daß ein Regiment Württemberger mit der Bahn abwärts befördert würde, die einen beabsichtigten Einbruch vom Elsaß her abwehren sollten. Das badische Oberland, der Schwarzwald, waren ganz ohne Truppen. Da auf einmal hieß es, daß der ganze Schwarzwald voll Württemberger sei. Überall wurden sie gesehen, und jetzt also auch in Säckingen. Dies wirkte wie eine Erlösung. Die Säckinger eilten an den Bahnhof mit Bier- und Weinfässern, ihrem Dank Ausdruck zu geben. Die guten Württemberger machten aber einen heillosen Lärm als der Zug hielt, sie waren die vielen Stationen her betrunken gemacht worden. Nun war es aber genug, und die Offiziere

Sonntagnachmittag (Albtal bei St. Blasien, Algraphie, 1906)

liefen an den Wagen hin und her und wiesen jeden, der mit einem Wein- oder Bierglas sich nahte, schroff zurück.

Diese Württemberger mit ihrem Lärm hatten aber ihren Zweck sehr gut erfüllt, es war nur das eine Regiment, aber sie zogen von Ort zu Ort hin und her, so daß im Elsaß das Gerücht entstand, der ganze Schwarzwald stecke voll Militär. Durch Säckingen fuhren sie, um auf den Höhen den Rhein entlang Lagerfeuer zu machen und großen Lärm. So sollen sie auch wirklich den Einbruch von Elsässer Banden verhütet haben. Vom 70er Krieg will ich hier nicht weiter erzählen, überhaupt nicht vom Krieg, denn er ist ein die Völker zerstörendes Unheil, und es ist wohl am besten, wenn man nicht viel über ihn spricht. Er ist eine Sache, vor der der Mensch hilflos steht. Daß er sich jemals abschaffen läßt, glaube ich nicht. Was ist doch das Kriegsspiel ein der Menschheit unwürdiges Spiel!

13

Am 17. November reiste ich von Säckingen ab zuerst nach Freiburg zu Lugo, dann nach Karlsruhe, ordnete noch einige Sachen in der Kunstschule, besuchte die Professoren und war froh, daß ich nicht dort bleiben mußte. Schumm fuhr mit nach Stuttgart. Am 21. November kam ich in München an, mit der bekannten lebenserhaltenden Neugier, wie wird es wohl gehen? Fand Stäbli und Hunzicker und bezog ein kleines Atelier, Karlstraße 27, und fing das Bild für Krafft an. Ich freute mich an den Kunstschätzen Münchens. In der Pinakothek zogen mich die Altdeutschen mächtig an. Scholderer war zur Zeit auch in München, und durch ihn kam ich mit seinem Schwager Viktor Müller zusammen, mit welchem ich bald sehr befreundet wurde.

Alte Karlsruher Bekannte aus der Kunstschule her waren in München, und einer derselben setzte mir scharf zu, ich müsse in die Pilotyschule. Ich widersprach dem nicht, meinte aber, es sei recht schwer, dort angenommen zu werden. Die

Pilotybilder, die ich gesehen, haben mir aber keinen Eindruck gemacht. Ich wußte, daß ich dort nichts zu suchen hatte.

Auf zwei-, dreimaliges Drängen des Karlsruhers, indem er mir sagte, es sei wohl schwer, in die Pilotyschule aufgenommen zu werden, aber er wisse es gewiß, ich würde aufgenommen, ich solle nicht länger säumen und mich anmelden, so in die Enge getrieben sagte ich, ich wolle so für mich weiterarbeiten, dann würde mich auch Viktor Müller beraten. Worauf er erregt fragte: »So kennen Sie den?« und mich mit der Mahnung verließ: »Nehmen Sie sich in acht, V. M. ist ein Egoist«.

Man erlebt es immer wieder, daß Menschen, die aufrichtig ihres Weges wandeln, niemand etwas zuleide tun, aber sich nicht viel um die Meinung von Krethi und Plethi kümmern, Egoisten genannt werden. Die Mahnung kam mir komisch vor, denn ich kannte diesen Egoisten wirklich innig und hatte ihn lieb gewonnen. Im Sommer 1871 war ich wieder in Säckingen, ich malte dort meine Mutter lesend, in der sonnenbeleuchteten Dachstube. Das Bild wurde später auf der Lokalkunstausstellung von einem Amerikaner gekauft. Im August war ich in Bernau und wohnte im Schwanen. Große Natureindrücke bewegten mich. Den Ausdruck für dieselben, die Beruhigung fand ich in Davids Psalmen, deren Erhabenheit auch mich tief ergriff. Auch meine Mutter verstand und liebte diese Psalmen und hat in ihren Briefen an mich mir manche Stelle derselben abgeschrieben. In Bernau malte ich eine große Landschaft mit Ziegenherde. Maler Schuch kaufte sie, später kam sie durch Trübners Hand in die Berliner Nationalgalerie. Eine zweite größere Landschaft, »Weidenbusch am Bach«, blauer Himmel, stellte ich in München aus. Es war allgemeines Schütteln des Kopfes davor, dem ein ehrlicher Münchner, der lange davor stand, den präzisen Ausdruck gab, indem er sagte: »Ich weiß nit, das Bild ist entweder ganz ausgezeichnet oder es ist ganz miserabel schlecht«. Da mich in München wenige persönlich kannten, wagte ich mich in den Kunstverein, wo ich die Meinung des Publikums direkt hören konnte und nicht erst die Bestätigung der Bestellten. Auch malte ich drei Bernauer Musikanten halblebensgroß in dunkler Abendstimmung. Diese Bilder kaufte Thomas Tee später in München, und sie sind nun verschollen. Auch den rothaarigen Dorfgeiger malte ich.

Ende Oktober war ich wieder in München. Viktor Müller hatte mir ein kleines Atelier neben dem seinigen überlassen. Wir waren nun täglich zusammen, und er hatte eine recht unegoistische Freude an meinen Bildern, er saß am Abend gar oft lange davor. Er war eben ein geistiger Genußmensch. Oft war ich auch in seinem Haus, wo seine Frau Ida, geb. Scholderer, uns Lieder vorsang. Die Musik rührte den starken Mann bis zu Tränen.

Im Juni hatte Thomas Tee aus Manchester das Bild: »Meine Mutter und Schwester im Garten«, in Bernau 1868 gemalt, gekauft für 500 Gulden. So war ich mit Geld versorgt und war frohgemut und rüstig und übermütig. So nach einem Zechgelage in Leibls Atelier beschloß die ganze, fast nur aus Krafthubern bestehende Gesellschaft, die zwei Brüder Leibl waren Riesen an Kraft und ein paar andre ahmten wenigstens ihre Muskelkraftbewegungen getreulich nach, nachts 12 Uhr in die Winternacht hinaus bei hohem Schnee durch den Forstenrieder Park nach Starnberg zu gehen. Aber auf dem Wege verlor sich einer um den andern, und als wir aus der Stadt waren, waren wir nur noch zu vieren, die beiden Leibl, ein Grieche Zacharias und ich. Zacharias hatte bei den letzten Häusern noch eine Flasche Schnaps mitgenommen. So wateten wir durch den Schnee über die Theresienwiese in die mondhelle Nacht hinaus, wir kletterten über das hohe Parkgitter und kamen morgens 6 Uhr todmüde, mit durchweichten Kleidern, in Starnberg an. Zacharias, der die Schnapsflasche trug, hatte derselben so arg zugesprochen, daß er am Wege liegenblieb und wir ihn eigentlich mitschleppen mußten. Zum Glück hatte die Strapaze keinem von uns etwas geschadet, und wir fuhren des andern Tages mit der Bahn zurück, nicht ohne ein gewisses Kraftgefühl im Leibe.

Haider hatte ein sehr schönes Bildchen, »Zwei Mädchen unter einem blühenden Kirschbaum«, gemalt, was wir alle sehr bewunderten. Rudolf Hirth kaufte es ihm ab. In einer Kritik der Neuen Wiener Freien Presse, in der ich als bekannter Abtrünnling vom Pfade der wahren Kunst kurz erwähnt wurde, bedauerte man besonders, daß auch so talentvolle Künstler unter meinen Einfluß kämen wie z.B. Hirth. Ich bin aber unschuldig, denn ich habe weder auf ihn noch auf andre versucht, Einfluß zu haben. Wozu auch? Im Dezember las mir Sattler in seinem ungeheizten Zimmer Schopenhauer vor, bis ich, von Frost geschüttelt, mich auf den Weg ins warme Wirtshaus machte. Den andern Tag konnte ich mich kaum auf den Beinen halten, und Viktor Müller riet mir teilnehmend, ein paar Tage zu Hause zu bleiben. Als ich nach ein paar Tagen wieder hergestellt ins Atelier kam, hörte ich, daß Müller krank sei. Ich ging in seine Wohnung und fand ihn im Bette. Er sprach noch munter mit mir, und ich hatte keine Ahnung, daß ich ihn das letztemal lebend gesehen hätte. Als ich wiederkam, durfte ich schon nicht mehr zu ihm, und nachdem er etwa 10 Tage krank gelegen, starb er am 21. Dezember 1871. Das war auch für mich ein harter Schlag, um so mehr fühlte ich mit, was seine Frau erlitten hatte. Am 22. Dezember begleitete ich seine Leiche zum Bahnhof; er wurde in Frankfurt beerdigt. Sein Herz war schon lange müde, und er klagte mir oft, wie schwer ihm das Arbeiten würde. Seine Frau zog nach Frankfurt. Das verlassene Atelier mit den großen Bildern war recht unheimlich. Im Januar 1872 kopierte ich im Auftrag von Bruckmann den in seinem Besitz befindlichen Hamlet von Müller, und zwar ziemlich täuschend, in 14 Tagen für 600 Gulden; später kopierte ich für den gleichen Preis auch Romeo und Julia.

Im März bezog ich ein Atelier mit möbliertem Zimmer, Karlstraße 46. Im April, bei schönen winddurchwehten Frühlingstagen, machte ich einen Ausflug an den Starnbergersee. Dann nach Weilheim, von dort mit der Post nach Partenkirchen. Es war die Zeit der goldnen Schlüsselblumen, aus dem bräunlich grünen Boden leuchtete der blaue Enzian, im Hintergrund die schneebedeckten Berge wie aus Kristall gebaut; es war mir von Herzen wohl, so allein in dieser großen Natur, ich hatte unvergeßliche Eindrücke. Es war mir, als ob ich die Natur in ihrem geheimsten Wesen verstehen könnte, das läßt sich aber nicht beschreiben, wohl auch nicht malen, wie es mir war. So muß wohl ein jeder solche Eindrücke mit ins Grab nehmen, und alle Rätsel bleiben ungelöst.

Bei herannahender Dämmerung stand ich an einem Wiesenabhang voll Schlüsselblumen, der Wind wühlte durch die Blumen, sie bewegten sich zitternd. Ein Wonnegefühl mit ahnungsvollem Grauen gemischt bemächtigte sich meiner Seele. Es schien mir, als wäre ich vereinigt mit dem Geiste der Welt. Es war kein Denken und Beobachten, mehr ein inneres Gefühl des Lebens, des Daseins, der Einheit der Natur. »Wenn die Blümlein draußen zittern und die Abendlüfte wehn.«

In Murnau und am Staffelsee streifte ich so ein paar Tage herum und kam wie von einem Seelenbad erfrischt ins Atelier zurück.

1872 im Juni kaufte Thomas Tee wieder fünf Bilder für 1100 Gulden von mir. Es sind dies: »Landschaft und Weide am Bach«, 1871 gemalt, Größe 139 x 90 cm; »Die Musikanten in Dämmerungsstimmung«, 1871 in Bernau gemalt in ähnlicher Größe; »Frühlingslandschaft«, klein, nach Erinnerung an eine Gebirgstour, 1872 gemalt; »Abenddämmerung, alte Frau mit Ziegen«, 105 x 76 cm groß, in München 1872 gemalt; »Bernauer Haus« mit Figuren ähnlicher Größe, Höhenformat, 1868.

Sogar ein Münchner Kunsthändler kam zu mir und kaufte ein Bild unter lächerlichen Umständen, die ich schon einmal erzählt habe, das ich nach ein paar Wochen wieder zurücknehmen mußte, weil er es nicht unter seinen Bildern stehen haben könne. Die Münchner Kritik in den Lokalblättchen machte sich nun an mich und sprach mit Entrüstung und mit Hohn von mir. Besonders viel kümmerte ich mich nicht darum.

Mit Dr. Siegmund Lichtenstein verkehrte ich viel, wir aßen

zusammen im Englischen Kaffee. Mit ihm machte ich auch einen Ausflug nach Adelholzen. Es war am blumigen Pfingstfest. Lichtenstein war ein stiller ruhiger Mann, mit dem ich gerne zusammen war.

Im Juli 1872 ging ich nach Karlsruhe, wo ich mit großem Vergnügen einige alte Schulden an Vergolder, Schreiner und Schneider bezahlen konnte. Von da ging ich nach Baden-Baden, wo Frau Ida Müller mit dem kleinen Otto gerade auf Besuch bei ihrer Tante war. Dann ging es nach Säckingen, ich wohnte dort in der Krone, arbeitete aber nicht viel.

Mit Mutter und Schwester ging ich im September an den Bodensee. Für die Mutter war Meersburg eine wehmütige Erinnerung, weil vor Jahren mein Bruder Hilarius dort am Schullehrerseminar war. Wir standen lange auf der Terrasse vor dem Seminar, und ein Stück schmerzlicher Vergangenheit zog in dieser schönen Gegenwart, der Aussicht am klaren Morgen über den See, an uns vorüber.

Im Säckinger Tannwald, am Scheffelwaldsee war ich sehr oft vom Morgen bis in die späte Nacht.

Im Herbste ging ich wieder nach München. Es fand sich dort eine zusammengehörende Gesellschaft zusammen, die viel anregendes hatte. Dabei waren Ad. Bayersdorfer, Martin Greif, Dr. Eisenmann, du Prel, Albert Lang, Trübner, Haider, Steinhausen. Da auch A. Weber aus Karlsruhe dabei war, wie man sagte ein finanzkräftiger Geschäftsmann, so ging auch der Plan um, eine illustrierte Zeitschrift herauszugeben. Natürlich blieb es aber beim Planmachen.

Über meine Bilder dauerte der wüste Ausstellungslärm fort. Anonym erhielt ich ein Schmähgedicht mit dem Schluß:

»Streich' Kisten an und Schrein', doch das Malen, das laß sein!« Das Sonntagspublikum lachte und schimpfte über meine Bilder nicht weniger als das in Karlsruhe. Aber ich war ein andrer geworden, ich war jetzt ein Mann in den dreißiger Jahren geworden und kämpfte bewußt um mein Recht. Das starke Vertrauen hielt allem gegenüber stand. Was ging denn mich das Sonntagspublikum an. Im April 1873 machte ich mit

Steinhausen und Lang einen schönen Frühlingsgang, isarauf-
wärts und dann an den Starnberger See. Ich malte Porträte, so
den 80jährigen Forstmeister Kollmann und dann seine Frau.
Durch Vermittlung des Dr. Lichtenstein malte ich eine Baro-
nin Lerchenfeld und ihren Sohn Ludwig. Alb. Weber kaufte
drei Bilder für 500 Gulden von mir. Bei meiner Sparsamkeit
war dies viel Geld, was ich verdiente. Das stärkte meinen
Unabhängigkeitssinn. Ich war niemand was schuldig, war
nicht verpflichtet, meine Bilder so zu malen, wie sie dem
Publikum gefallen.

Mit Böcklin kam ich gerne zusammen. Seine Liebhaberei
für Farbenexperimente, er hatte immer, wenn er zu mir ins
Atelier kam, starkfarbige Wollbüschel in der Westentasche,
seine technischen Erfahrungen fielen bei mir auf guten Boden, ich malte in Tempera einen Schwarm Amoretten in
weißen Wolken, unter ihnen ein Adler und Durchblick auf
Hochgebirge. Diese Amorettengruppe stammte von Studien
her, die ich im heißen Sommer 1870 an meinem Vetterchen
Otto machte, der den ganzen Tag nackt in meinem Zimmer
herumkrabbelte; er war ein Jahr alt. Ich zeichnete die ver-
schiedensten Stellungen in ein Skizzenbuch. Maler Kurzbauer
hat das Bildchen gekauft. Zur Pariser Weltausstellung wurde
das Bildchen auch vorgeschlagen; allein Piloty soll erklärt
haben, daß er es nicht dulde, daß ein Bild von mir dahin
komme – natürlich unterbliebs. Im Juli 1873 war ich wieder in
Säckingen, machte technische Proben mit Eigelb und andrer
Tempera. Ein paar kleine Sachen retteten sich aus diesen
Versuchen heraus, so ein Porträt meiner Mutter und eins von
Agathe.

In München erhielt ich im Sommer 1873 einen Besuch aus
Frankfurt, den Frau Viktor Müller mir zugeschickt, der für
mich in der Zukunft große Bedeutung gewann, ich fand einen
tapfern Freund, Berater und Beschützer für die nächsten
Jahre. Es war Dr. med. Otto Eiser. Wir machten zusammen
einen Ausflug nach dem Starnberger See, und wir verkehrten,
wie man mit einem liebenswürdigen Besuche verkehrt. Er

Schönenberg (Radierung, 1903)

war im Atelier, ich hatte gerade nichts Wichtiges zu zeigen, und er schien sich nicht viel aus meinen Arbeiten zu machen. Nach ein paar Tagen kam er nochmals, um Abschied zu nehmen und war von größter Herzlichkeit, lud mich auch dringend ein, ihn in Frankfurt zu besuchen. Später hat er mir erzählt, wie die Umwandlung aus seiner anfänglichen Gleichgültigkeit gekommen sei. Er sei mit seinem ihn begleitenden Freund, dem Frankfurter Sänger Pichler, in der Ausstellung gewesen, und da habe er ein paar Bilder gesehen, von denen er zu seinem Begleiter gesagt habe, nun da haben wir ja die Vorbilder, die Thoma zum Muster genommen hat. Neugierig ging er hin, und da stand halt der Name Hans Thoma unter den Bildern. Eines der Bilder war der »Kinderreigen«, 1872. Im Oktober 1873 entschloß ich mich, der Einladung zu folgen, wo ja auch Frau Viktor Müller wohnte. Unterwegs kehrte ich in Freiburg ein, wo Lugo gerade von Rom zurück, viel zu erzählen hatte aus dem Wunderlande der Kunst. Kehrte auch noch bei Wucherers in Schiltach ein.

Am 16. Oktober wurde ich im Hause Eiser herzlich aufgenommen. Eiser veranlaßte, daß ich seine Frau malte, nachher seine Nichten Milly und Else Haag. Dann malte ich auch noch den Maler S. Peter Burnitz und den Dr. med. Wiesner. Nun war übermäßig lange Zeit als Besuch verstrichen, und ich wollte wieder nach München zurück. Aber inzwischen war dort die Cholera ausgebrochen, und Eiser hielt mich unter diesen Umständen davon ab. Durch das in Frankfurt erworbene Geld, angestachelt von Lugo, bekam ich Mut zu einer italienischen Reise. Eiser bestärkte mich in diesem Vorhaben. Die Weihnachtszeit verbrachte ich im schönen Familien- und Bekanntenkreise Eiser, Haag, Küchler, Scholderer, Burnitz. Ich hatte so viel herzliche Teilnahme in Frankfurt gefunden, wie sonst noch in keiner Stadt, und doch, und vielleicht gerade deshalb, war ich voll Unbehagen. Ich konnte doch nicht immer so auf Besuch bleiben.

Am 7. Januar 1874 reiste ich ab, erst nach Karlsruhe, dort besuchte ich Albert Lang, der aus München vor der Cholera geflüchtet war und die italienische Reise mit mir machen wollte. Ich sah die alten Bekannten in der Kunstschule. Auch besuchte ich den Geheimrat Sachs, der als Amtmann in St. Blasien sich um mich angenommen hatte. Bei einem Spaziergang im Schloßgarten wachten bei frühlingshaftem Sonnenschein alle schönen Erinnerungen an meinen frühern Karlsruher Aufenthalt auf. Alles Schlimme war vergessen, und es kam wie Versöhnung über mich, es war mir, als ob ich das Menschentreiben und Kämpfen von einem höhern Standpunkte sehen könnte, und so hatte ich auch Karlsruhe wieder lieb.

In Straßburg besuchte ich Schumm und Steinhausen, letzterer auch ein Choleraflüchtling aus München. Am 15. Januar war ich in Säckingen. Von dort aus ließ ich mir durch Dr. Bayersdorfer meine Münchner Atelierangelegenheiten besorgen und alles in Kisten nach Säckingen schicken. Manche Bilder schickte ich auch an Dr. Eiser, der es angeregt hatte, daß ich mit Mutter und Agathe später nach Frankfurt übersiedeln solle.

Am 7. Februar kam die Nachricht, daß die schöne Kirche mit der Fabrik in St. Blasien in Flammen stehe. Die Säckinger Feuerwehr fuhr dahin. In Basel wechselte ich mir 1270 Franken in Gold ein. Dort freute ich mich an den Fratzköpfen, die Böcklin für die Schlußsteine der Fenster in der neuen Kunsthalle modelliert hat.

14

Für die italienische Reise folge ich den Aufzeichnungen in einer Art von Tagebuch; so ziemlich chronikartig, wer sie kürzer gefaßt lesen möchte, den verweise ich auf mein Buch »Im Herbste des Lebens«, wo ich freier, ohne so viel Datumsangaben erzählt habe, freilich muß man die Wiederholungen mit in den Kauf nehmen.

Am Fastnachtsonntag, den 15. Februar, hörte ich nachmittags in Säckingen zu gleicher Zeit das Totenglöcklein und die Fastnachtsnarrentrommel. Es war mir ein klares Bild und fast tröstlich für das buntgemischte Leben. Montag, den 16. Februar 1874, war mir der Abschied recht schwer. Es lag doch so manches Dunkel über mir, und finstre Ahnungen umgeisterten mich. Dazwischen schimmerte aber auch die heimliche Hoffnung, daß die Reise alles gutmachen könne. Im Städtchen liefen die Narrenmasken herum, ich hätte mir auch eine wünschen mögen, um mein trauriges Gesicht dahinter zu verbergen. In Basel traf ich mit meinen Reisegefährten Lang und Heinrich zusammen. Wir fuhren noch nach Bern, übernachteten im Gasthaus »Zum Falken«. Ich hatte eine schlaflose Nacht und war so voll Unruhe und Angst, daß ich mir fast nicht zu helfen wußte. Meine Mutter hatte mir den 121. Psalm als Reisespruch bezeichnet, an seinem großen Sinne richtete ich mich wieder auf, und der Morgen fand mich ruhigen Gemütes.

Am 17. fuhren wir nach Genf. Lang gab mir eine Broschüre »Zwölf Briefe eines ästhetischen Ketzers«, die, da die Gegend in Nebel gehüllt war, ich gerne las, in ein eifriges Kunstinteresse hineingeratend. Aber als die Nebel sanken, strahlte der Himmel so frühlingshaft über kleine Städte und Hügelland, und ich legte das Buch weg. Dann kam Lausanne mit dem schönen Genfer See. In Genf übernachteten wir in der Post.

Am 18. Februar Abfahrt nach Turin. Morgennebel, dann durch kleine Dörfer und felsige Täler. Station Culoz – längerer Aufenthalt. Dann über Fluß und Tal immer höhern Bergen entgegen, sie wurden unheimlich hoch. Verlorene Menschenhütten kletterten an Berghängen, daneben stürzende Wasserfälle. Der Schnee fiel in großen Flocken, der Zug ging langsam vorwärts in schauerlicher Wildnis. In der Nähe von Modane ging der Lokomotive die Kraft aus, und wir saßen eine und eine halbe Stunde zwischen beschneiten Felsen. Unter uns wälzte sich der Bach über große Felsblöcke, ein Postwagen zog mühsam durch das Tal dahin dem einsamen Hause zu.

Wir froren, hungerten, lachten und schimpfen, bis Hilfe kam. Modane, italienische Grenze mit Zoll- und Paßuntersuchung. Es war Nacht, und vor dem Mont-Cenis-Tunnel sah ich nur noch dunkle Berge scharf in glänzender Sternenluft. Im Tunnel hatten wir die kindliche Freude, so tief in der Erde zu sein, und wir waren stolz auf unsre Zeit und ihre Eisenbahnen. Lang holte seine Geige heraus und spielte deutsche Volkslieder. Nach 26 Minuten waren wir draußen, aber es war finster, und aus geheimnisvollen Tälern glänzten zerstreute Lichter und vom Himmel herab die Sterne, wie ein alter Bekannter war auch hier der Orion. Wir waren fröhlich aufgeregt. Italiener stiegen in den Wagen. Lang probierte seine Sprachkenntnisse, und ich freute mich jedes Wortes, das ich verstand, es waren aber gar wenige. Einer der Eingestiegenen empfahl uns das Gasthaus seines Bruders in Turin. Um 11 Uhr waren wir dort. Das italienische Essen schmeckte uns. Die breiten Betten gefielen mir, aber der steinerne Fußboden ohne Teppiche war gar kalt. Lang beklagte sich am Morgen wegen Überforderung. Wir wurden verdrießlich, ich glaube aber ohne Grund oder wohl wegen der großen Kälte, die wir so unerwartet in Italien antrafen. Die ganze Gegend lag in Nebel und Schnee. Es kam mir gar nicht italienisch vor, und wir erfroren fast in dem kalten Eisenbahnwagen. In den Apenninen lag hoher Schnee, die Sonne schien, und es blendete der Wechsel mit den Nächten der vielen Tunnel.

Da kam Genua und das Meer, das war großartig und fremd.

Das war Italien mit Marmorpalästen, Zypressen, Ölbäumen, Pinien, Orangengärten. Da lag das Meer und der Hafen voll Schiffe. Wir waren in das sehr vornehme Hotel Genova geraten, und da gerieten wir in Angst vor den hohen Preisen, die wir in einem Zimmer angeschlagen fanden. Das verdarb uns den Genuß von dem schönen Genua. Wir sahen alles flüchtig und beinahe mürrisch an; wir beeilten uns zur Abreise. Die Beunruhigung war unnötig, als wir zahlten, fanden wir die Preise ganz normal. Aber wir waren nun einmal aufgescheucht, und so reisten wir ab, nachdem ich noch Briefe nach Hause auf die Post gebracht und die Brandung am Meere bewundert hatte.

Zunächst nach Piacenza, in Tortona zweistündiges Warten auf den Zug. Neapolitanische Soldaten tanzten im Reigen und sangen dazu, das klang wie Dudelsackmusik. Nachts 11 Uhr Ankunft in Piacenza, im Croce bianco ein gar freundliches, vortreffliches Gasthaus und recht billig.

21. Februar in Parma bei Corregios Fresken. Auf dem Domplatz schenkte ich einer Bettlerin einen halben Silberfrank, der mich geärgert hat, weil eine Obstverkäuferin in Tortona ihn als ihr unbekannt zurückgewiesen hatte. Diese Bettlerin war aber über die Gabe hochbeglückt, sie wollte mir die Hand küssen. Die Folge aber war, daß wir in kurzer Zeit von Bettlern umringt waren, so daß wir uns förmlich flüchten mußten. Lang schimpfte sehr über meine Unvorsichtigkeit. In Bologna im Hotel Pelegrino gefiel es uns sehr gut, wir hatten vor, einige Tage zu bleiben, als wir aber nach dem Nachtessen noch einmal ausgingen, übertrat sich Lang den Fuß, der, als wir heimkamen, recht angeschwollen war. Ein Nürnberger, der im Hotel war, wußte nun gleich einen ähnlichen Fall, wo die Heilung wochenlang gedauert hätte. Am folgenden Morgen schickten wir zu einem Arzte, der ließ es uns aber zum voraus wissen, daß sein Besuch 50 Franken koste. Nun hielten wir die sofortige Abreise, wo wir doch längeren Aufenthalt vorhatten, für das beste. Vor der Abreise lief ich noch schnell durch die Straßen und sah, daß die Türme wirklich sehr schief waren. Sonntag, den 22. Februar, fuhren wir durch die vielen Apenninentunnel nach Florenz, um 6 Uhr waren wir in der Casa Nardini. Langs Fuß war wieder ganz gut! Ich war nun etwa drei Wochen in dem herrlichen Florenz und will gar nicht den Versuch machen, es zu beschreiben, was ich alles sah. Ich kam auch gar nicht dazu, etwas ins Tagebuch zu schreiben, ich glaube auch, daß ich nicht viel gezeichnet habe. Übrigens habe ich auch ein Skizzenbuch, worin ich allerlei

gezeichnet hatte, während der Reise in einem Omnibus in Rom liegen lassen.

Am 16. März fuhr ich allein direkt nach Rom über Peruggia–Assisi. Mit staunenden Augen sah ich in die schöne fremde Natur hinein; sah die Hirten und die Herden in der Campagna im Abendlicht. 7 Uhr empfing mich Lugo am Bahnhof und führte mich ins Hotel d'Orient. Später bezog ich ein Zimmer in der Via Purificatione. Ich könnte ja nur die Namen nennen von all den berühmten Orten, die ich besuchte, aber die stehen ja im Baedeker.

20. März nachmittags, als ich mich über das gelehrte Kunstgeschwätz eines deutschen Doktors geärgert hatte, wurde die Villa Pamfili erst schön, als ich allein darin war. Da war der Abend gar herrlich, ich befand mich wie im Paradies. In der Villa Borghese habe ich oft gezeichnet. Ich lernte auch den Maler H. Ludwig kennen, der eine sehr ausgedachte Maltechnik hatte mit Firnisfarben und Petroleum. Er hat den Leonardo da Vinci übersetzt und mehrere Bücher über Ölfarbenmalerei geschrieben. Ich habe mich sehr mit dem ernsten Künstler ins Einvernehmen setzen können, an einem Nachmittag mit Lugo beim Ponte nomentane. Der Frühling mit seinem Grün lag über der weiten Flur, golden knospeten die Bäume an dem weither schlängenden Anie. In der Ferne die Berge mit weißschimmernden Städtchen. Überall zerstreut umher alte Türme, Gräber, Säulen. Langhörnige Rinderherden, Ziegenherden weiden im Grün und Schafherden, von weißen zottigen Hunden gehütet. Auf der Straße reiten die braunen Campagnolen, in den verfallenen Mauern wohnen dunkeläugige Weiber.

28. März war ein Königsjubiläum ohne gerade besondern Jubel; vor dem Quirinal stand ein Volkshaufe, und ich sah Viktor Emanuele, der auf dem Balkon erschien.

Maler Buchser aus Solothurn lernte ich kennen, ich hatte von Stäbli schon viel von ihm gehört. Ich stand sehr gut mit ihm, ich habe auch einen Kopf in seinem Atelier gemalt. Buchser hatte ein abenteuerliches Aussehen, so etwa könnte ich mir die Schweizer Landsknechte denken. Auch besuchte ich den Maler Dreber, sah schöne poetische Arbeiten, nur etwas zu zartfarbig.

Ich komme nun doch nicht darum herum, dem alten Tagebuch zu folgen. So war ich am 25. Via Appia, Hain der Egeria, in einer Osteria vor Porta S. Sebastiano; 26. Palatin-Kaiserpalast; 27. Maria Maggiore. Dort sah ich zu, wie gerade antike Wandmalereien ausgegraben wurden, prächtiges Dunkelrot, dazwischen gemalte Fenster in Grün und Blau, Aussichten auf Gärten. Unten ein schwarzer Fries mit kleinen Figürchen. Der Tempel der Minerva Medica war gar schön umwachsen von rotblühenden Bäumen. 27. Palmsonntag in S. Peter, Umzug der Geistlichkeit mit Palmen. 31. Entzückt in Villa Albani.

1. April Villa Farnesina, Raphaels Psyche und Galathea, Maria della Pace, Rafaels Sybillen. 3. April Ponte Salara, herrliches Campagnafrühlingsbild, schlanke knospende Bäume, die Wiesen voll Narzissen. Fast bei allen diesen Ausflügen waren Lugo und eine Schweizerin, Fräulein Kappler, mit der er befreundet war, mit. So auch am Ostersonntag, 5. April, wo noch ein Student aus Freiburg sich uns angeschlossen hatte. Mit der Bahn nach Frascati, dann auf Eseln nach Tusculum. Es war ein stürmischer Wind, die Campagna lag in herrlicher Klarheit wie ein grünes Meer unter uns. Nachmittags im Wagen nach Nemy-Grotta ferrata. Einen eignen Eindruck machte mir ein schönes Römerpaar, er in der Campagnolentracht mit Hut und Mantel, sie eine wunderschöne schwarzhaarige Frau; sie schritten rüstig daher und führten zwei weiße Rosse hinter sich, ein zottiger weißer Hirtenhund begleitete sie. Ich machte später einmal den Versuch, die Szene zu malen, ich blieb aber stecken, und das Bild ist verschollen. Der Albaner See sah sehr düster aus bei dem dunklen Wolkenhimmel. Es ging zwischen Felsen und Kastanienwäldern vorbei, nach Genzano, am Nemisee vorbei nach Nemi, wo wir übernachteten. Wir waren sehr fröhlich beim Nachtessen, draußen stürmte und regnete es gewaltig. Es war kalt, im Bette fror ich.

Am Morgen klapperten uns die Zähne vor Frost, wir waren verdrießlich. Am Ostermontag um 10 Uhr gingen wir zu Fuß zurück. Große Sturmwolken flogen am Himmel, und Sonnenblicke fuhren über die weite Landschaft. Wir sahen das Meer und seinen weißen Brandungsstreifen, wir sammelten Frühlingsblumen und wurden nach und nach wieder warm. Wir gingen nach Albano und auf der Bahn nach Rom.

Am 7., 8., 9. April war ich stark erkältet. 10. Pietro in Vincoli, Titusthermen, schwüler, üppiger Frühlingstag, eigenartig schön in den Gemüsegärten zwischen den Ruinen. 11. Vatikan. S. Onofrio. 12. Piazza Montenara im Ghetto und Trastevere. Es kam ein Brief von O. Eiser, daß er mir für 500 Gulden Bilder verkauft habe, darauf beschloß ich, meinen Aufenthalt zu verlängern.

Ich male in Buchsers und Lugos Atelier allerlei Kleinigkeiten. Abends war ich ein paarmal mit Buchser und andern deutschen Malern in der Goldkneipe, es war viel Lärm und Kunstgeschwätz. 26. April, Sonntagvormittag frühstückte ich als einziger Gast in einer kleinen Wirtschaft im Ghetto. Die Wirtsleute schienen mir so gutfreundliche Menschen zu sein, natürlich konnte ich mich nicht mit ihnen unterhalten, ich war ganz auf die Augen angewiesen, und die sagten mir Gutes von ihnen. Es ist oft gut, wenn man die Sprache nicht kennt und sich nur auf die Augen verlassen muß, die können oft tiefer in das Menschensein hineindringen. Über die Deutschen, die ich zufällig traf, habe ich mich oft geärgert. Ich fand sie meist voll Wissensdünkel, dabei blind gegen alles, was sie sehen. Das Gefühl für Kunst, Natur und Menschenleben, das hier so mächtig sich aufdrängt, kann nicht aufkommen vor ihrer Bildungsschablone. Sie machen sich groß damit, daß sie über Pfaffen und Bettler schimpfen. So schlug ein tapferer deutscher Doktor im Wirtshaus, wo ich öfters aß, mit der Serviette nach einem kleinen Blumenmädchen, das ihm Blumen anbot, so daß es weinend fortlief. Ich rief, um das deutsche Ungemach gutzumachen, das Kind zu mir und kaufte ihm seine Blumen ab. Ich tat dies so auffallend, daß der Deutsche

Hühnerfütterung (1864)

Die Gerbermühle bei Frankfurt (1898)

Einsame Mühle (1888)

Sommerlandschaft (1905)

Mondscheingeiger (1890)

Schwarzwaldlandschaft (1911)

Die Heuernte (1871)

Sommertag (1871)

Der Rhein bei Säckingen (1890)

Waldwiese (1886)

Felsige Schwarzwaldhöhe (1889)

Zitronenverkäuferin (1880)

Bernau (1860)

Waldidyll (1862)

Ziehende Herde im Hochmoor (1911)

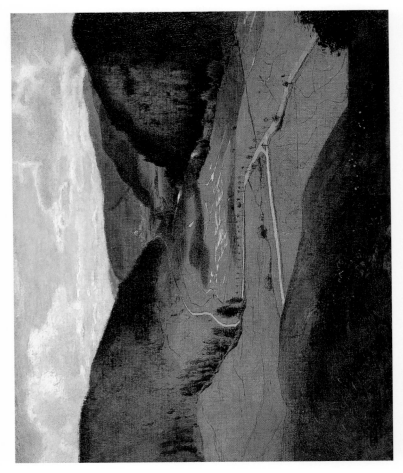

St. Blasien (1870)

dies bemerken konnte, denn er schimpfte dann heftig auf die römischen Zustände in bekannter Art. Das Kind merkte es wohl, daß ich es getröstet hatte und kam nun beim Mittagsessen mit seinen Blumen zuerst zu mir. Einmal hatte ich schon Blumen gekauft, und in einem Anfall von Laune zum Scherz schenkte ich ihm ein Blumensträußlein. Sie nahm dies so wichtig, steckte das Sträußlein an ihr Mieder und ging stolz auf dies Geschenk aus der Wirtschaft, ohne weiter Blumen anzubieten. Auf der Straße kannte sie mich dann immer und grüßte mich aufmerksam und zutraulich.

Die deutsche Kritisiererei ärgerte mich so, daß ich vielleicht auch in diesen Erbfehler verfiel und diese Art vielleicht manchmal auch etwas ungerecht kritisierte.

Abends beim Wein führte ich mit dem Freiburger Student, einem Nationalliberalen, und Fräulein Kappler, einer Sozialdemokratin, lebhafte politische Diskussionen. Welchen Standpunkt ich dabei einnahm, habe ich aber völlig vergessen.

Warum sollte ich mich auch nicht ärgern? Ein Münchner, der neue verkäufliche Motive holen wollte, behauptete, als wir zwischen blühenden Rosen und Pinien in einer kaum zu überbietenden Frühlingsherrlichkeit wandelten, Rom und seine Umgebung seien nur im Herbste malerisch, und er sehe, daß er zu früh gekommen sei. Aber ich war damals noch jung, und da nimmt man solche Dinge noch für wichtig.

Am 26. April fuhren wir, Fräulein Kappler und Lugo, nach Prima Porta durch die Porta Popolo die menschenerfüllte Straße nach Ponte mole. Dann zu Fuß am Nasonengrab vorbei, die Felsen von üppigem Pflanzenwuchs umhüllt, Feigenbüsche, Weinranken, rotblühende Bäume, dazwischen kletternde Ziegenherden. Dann am Tiber hin, endlich Prima Porta, ein paar kleine Häuser unten am Hügel, oben herrliche Aussicht über das Land, umgestürzte Säulen, Spuren des Palastes der Livia; ein Diener schloß uns den ummauerten Raum auf, in dem man zum gemalten Speisesaal heruntersteigt. Wir waren aufs höchste überrascht von der Schönheit dieser so gut erhaltenen antiken Malerei. Ich war wie in einem Zauberhain, beglückt von solcher Schönheit, wo ringsum durch das Zimmer ohne Unterbrechung das Licht kommt. Von oben zieht sich ein Garten im schönsten Wechsel von Lorbeer, Zypressen, Orangenbäumchen, Blumensträuchern auf die rings oben umlaufende lichtblaue Luft. In der Mitte jeder Wand steht ein extra schönes Tannenbäumchen, Vögel wiegen sich auf den Zweigen, Tauben sitzen im Gras, das unten herumgeht mit einem kleinen Zaun von goldfarbigem Rohr. Es ist eine Wandmalerei von so schöner Farbenharmonie, wie ich sie noch nie gesehen habe, voll sicherm schönen Handwerkskönnen.

So erlebte ich noch gar schöne Maitage in Rom, so auf der Via latina bezaubernde Blumenpracht um die Gräber. Auf dem Monte Mario voll Nachtigallengesang und Rosenüberfluß. Hier schließen aber meine Romerinnerungen, ich ging ungern fort, aber mit der Hoffnung, es noch einmal wiederzusehen.

Am 16. Mai 1874 reiste ich mit Lugo und Fräulein Kappler nach Orte, von dort im Wagen nach Bagnaia, durch dunkle Eichenwälder bei einem Gewitter, nicht ohne Banditenfurcht. Der Maler Schweinfurt war dort. Er hatte Lugo veranlaßt, dorthin zu kommen, wir blieben aber nur zwei Tage. Eigentümlich war der kleine Marktplatz, auf dem die Männer, in ihre Mäntel gehüllt, herumsaßen. Es wurde dort am Abend auch ein Schwein gebraten. Wir wohnten im Hause des Bürgermeisters. Gasthaus gibt es keines. Wir bekamen dort auch vom öffentlich gebratenen Schwein zu essen. Die Gegend ist sehr schön, Felsentälchen mit Kastanienwald, Begräbnisgrotten aus alter Zeit in den Felsen, auch ist in Bagnaia ein schöner Park. Sonntag, 17. Mai, waren wir in Viterbo. Aber es waren unruhige Reiseeindrücke, und ich habe nur Daten und Orte aufgezeichnet.

Am 18. Mai ging ich mit Lugo und Kappler nach Orte zurück, wo wir uns trennten, sie fuhren nach Rom und ich nach Orvieto. Dort übernachtete ich und hatte einen herrlichen Morgen im Dom bei Signorelli. Den Schlangenweg von der Höhe herunter zogen die Landleute mit ihren Tieren zur

Feldarbeit in die fruchtbaren Felder der Ebene. Am 19. Mai abends war ich in Siena, wieder eine wundervolle Stadt. Am Morgen besuchte ich den Karlsruher Freund Hunzicker. Ich wurde herzlich aufgenommen bei den guten Leuten, und wir sahen gemeinsam die Schönheiten von Siena. Emma H., die ich als Kind kannte, war groß geworden, so natürlich und gut, daß ich rechte Freude an ihr hatte. Hunzicker war grau geworden, er hatte aber seine Jugendlichkeit, deren gute Seiten mir wohlgefielen, bewahrt. Am 23. Mai fuhr ich nach Florenz und wohnte wieder mit Lang und Heinrich in der Casa Nardini.

Am 30. Mai fuhren wir nach Pisa, sahen den Dom des Campo Santo, den schiefen Turm und fuhren am Abend nach Spezzia, dort freute ich mich am Meer. An einem herrlichen Sonntagmorgen fuhren wir mit einer Barke nach Porta Venere, in das seltsame Fischerdorf, in den Steinen am hohen Fels im Meer. Auf der Ruine oben saßen wir lange in den Anblick des fernher brandenden Meeres versunken. Die Heimfahrt am Abend war auch schön. Ich zeichnete einiges in Spezzia.

Am 3. Juni gingen wir zu Fuß am Meere her, dann über einen schwindelerregenden Felsenpfad senkrecht über dem Meer nach Lerici. Trotzdem es schön war, freuten wir uns, daß der Pfad abbog in einen Olivenhain. Wir kamen müde und erhitzt nach S. Terenze. Als wir im Wirtshaus ankamen, liefen einige Kinder schreiend aus der Stube fort, und ich vermutete, daß ihnen der rotbärtige blonde Heinrich den Schreck verursacht hatte. Ähnlich wie unsre Kinder vor einem schwarzhaarigen Bart davonlaufen könnten. Der Wirt sagte, daß die Kinder sonst sehr gut an Fremde gewöhnt seien. Wir fuhren in einer Barke nach Lerici hinüber, logierten uns dort ein und machten verschiedene Zeichnungen. Wir blieben bis zum 5. Juni, gingen dann zu Fuß über den Berg zu einer Eisenbahnstation, bei arger Sonnenhitze und Straßenstaub. Aber die Gegend und die Aussicht über Land und Meer war gar schön. In Florenz lernte ich dann, durch Ludwig in Rom empfohlen, den Bildhauer Hildebrand und den Maler Hans von Mareés kennen, die in dem alten Kloster S. Francesco schöne Atelierräume hatten. Am 8. Juni fuhr ich in einer schwülen Sommernacht, der Himmel voll Blitze und die Erde voll Leuchtkäfer, ich fuhr ohne Aufenthalt nach Verona und dann nach München.

15

In München blieb ich nur ein paar Tage und ging dann nach Säckingen. Soviel ich mich erinnere, habe ich dort nicht viel gearbeitet. Im September lud mich Ernst Sattler ein aufs Schloß Mainberg, um in Gemeinschaft mit ihm dort einen Weinbergsturm seines Onkels auszumalen. Wir führten nun ein phantastisches Leben auf Schloß Mainberg. Sattler und ich spielten Ritter, wozu wir wohl auch die vorhandene Waffensammlung seines Onkels benutzten und auch, indem wir aus großen Krügen den guten Frankenwein aus dem Keller tranken. Frau Sattler war die poetisch schöne Schloßfrau. Ich malte auf dem Aussichtsturm Peterstein bei Schweinfurt eine Decke mit einem Kranz von Amoretten in Wolken und dergleichen mit Eitemperafarbe. Das liebliche Maintal mit den Rebbergen, den Buchenwäldern, den fränkischen Städtchen hat mir gut gefallen. Ich hatte doch von jeher die Gabe oder auch den Fehler, daß mir jede Landschaft gefiel, wo ich mich gerade befand. Steinhausen und Burnitz besuchten uns, die lustige Weinlese war, und so war an Heiterkeit kein Mangel.

Im November ging ich nach Frankfurt, wo mir die Bemühungen von Dr. Eiser den Auftrag verschafften, ein Gartenzimmer des Herrn Gerlach, Giolletstraße 34, auszumalen. Ich wohnte den Winter über bei Gerlach und malte sechs Landschaften an die Wände; auch die Porträte von Herrn und Frau Gerlach. Aber eine eigentümliche Unruhe überfiel mich, als diese Arbeiten beendigt waren. Ich konnte mich nicht entschließen, meinen Wohnsitz in Frankfurt aufzuschlagen. Ich mußte nach München, dort war, für andre unsichtbar, mein Glück.

Agathe Thoma (Kreidezeichnung, laviert, 1892)

Indem ich nun hier auf das zurückschaue, was ich als Lebenslauf zu schreiben mich bemüht habe, sehe ich, wie wenig es ist, was man über das eigentliche Leben zu sagen weiß. Wie öde auch die genauesten Tatsachen aus den Notizbüchern sind – es sind uns unbewußte Kräfte, es ist Unaussprechliches, was uns durch die Buntheit des Lebens leitet, und gar weniges hängt von unserm Willen und Entschließen ab. Man denke nur an die Kräfte, die Gesundheit und Krankheit in ihrem Schoße tragen, die Träger und Störer des Lebens. Man muß sich halt damit abfinden, mit den äußerlichen Geschehnissen in Raum und Zeit, und kann höchstens, wie ein Schiffer durch die Wellen, durch sie hindurchsteuern. Man sollte von Rechtswegen schweigen, da man über das eigentliche Wesen des Lebenslaufes doch nichts sagen kann, ja daß man über dies eigentliche Element, auch wenn man es vermöchte, doch nichts sagen will. Der Mensch lebt gern in dem Wahn dahin, daß er sein eigen Schicksal lenkt, er schämt sich, es einzugestehen, daß ihm unbekannte Triebe die größte Macht über ihn ausüben. Triebe, die im Geheimnis der Tiefe ruhen wollen, die in der Stille ihr Werk vollführen. Aus ihrem Zwange gehen Gut und Böse hervor und spielen mit dem Willen der Menschennatur. Dem geheimnisvollen Willen, der das Weltall beherrscht, muß sich alles von ihm Geschaffene unterwerfen.

Es war im März 1875, als ich nach München zurückging. Ich stand auf der Lebensstufenleiter »30 Jahr ein Mann«, schon weit vorgeschritten zu »40 Jahr wohlgetan«. Was ich nun tat, war wohlgetan, das konnte freilich ich nur wissen; aber es hat sich bewährt.

Ich bezog ein kleines Atelier Marsstraße 11 und ging frisch an die Arbeit. Steinhausen war noch in München, und wir machten, ehe er nach Berlin ging, einen Frühlingsausflug nach Mittenwald.

Für mich begann nun ein schöner Frühling voll Blumen und voll Liebe. Sorglos gab ich mich der Natur hin. Denn was leichtsinnig schien, dem hielten tiefernste Entschlüsse die

Wage. Ich wußte, daß ich einen Bund fürs Leben geschlossen hatte.

In Säckingen war ich in diesem Sommer nur kurze Zeit, ohne viel zu arbeiten. Die Bilder, die ich in München in dieser Zeit gemalt habe, sind: »Ein Mädchen, welches einen mit Gras und Blumen beladenen Esel führt«; »Italienische Familie mit Pferden«; »Seeweiber«, die später Bracht kaufte; »Der Charon«, welcher von der Kunstgenossenschaftsjury von der Ausstellung zurückgewiesen wurde, den nachher der Maler Schuch kaufte; »Goldne Zeit«, »Pinien« und andres mehr. Im Herbste fing Cella bei mir zu malen an, große Blumenstücke, und sie machte erstaunliche Fortschritte, und ihr ganz ursprüngliches Maltalent offenbarte sich. Wir waren voll Jubel und Glück. Über meine Bilder erschienen in den Münchner Blättern die gehässigsten Kritiken. Auf Weihnachten 1875 ging ich mit Cella nach Säckingen.

Im Winter und Frühling 1876 habe ich viel gearbeitet. Ich erinnere mich an das Porträt des Malers Frölicher, welches jetzt in der Pinakothek hängt. Cella malte Blumen, und es waren schöne Tage, an denen wir in der Umgegend von München, in Großhesselohe und Föhring, unsre Blumensträuße holten. Mit Stäbli war ich besonders viel zusammen. Im Juni gingen wir nach Schaffhausen, wohin Mutter und Schwester inzwischen übergesiedelt waren, und blieben den Sommer über dort. In Schaffhausen malte ich im Garten meines Vetters das Bild »In der Hängematte«, das jetzt im Städel-Institut hängt, und eine Gartenszene mit drei Figuren. Auch habe ich den »Rheinfall«, den Bremen besitzt, gemalt.

Zum Glück verkaufte ich im Frankfurter Kunstverein das Bild »Goldne Zeit« für etwa 700 Mark. Es war in Schaffhausen doch eine recht vergnügte Zeit, ein paar in geordneter Armut lebende Onkel, Tanten, Vettern waren stets aufgelegt, einen Spaziergang zu machen in einen der Nachbarorte, wo es guten Wein gab. Wir waren sogar einmal auf den Hohentwiel gekommen. Ein mit mir gleichaltriger Vetter, Joseph Maier, war Besitzer der Wirtschaft »Zum Tiergarten«, einer der interessantesten Schaffhauser Bauten. Dort verkehrten wir viel. Sorgen hatte ich aber genug. Eine Art Hoffnungsstern war jetzt Frankfurt – ich reiste im Oktober dorthin.

Mutter, Agathe und Cella zogen im November wieder nach Säckingen, wo sie eine kleine, aber sehr hübsche Dachwohnung im Hause des Blechnermeisters Zeiner bezogen. Das Ehepaar Zeiner habe ich gemalt, und die Bilder hängen jetzt in der Berliner Nationalgalerie. Dr. Eiser tat alles, um mir die Wege zur Übersiedlung zu bereiten. Am Weihnachten 1876 ging ich nur auf kurze Zeit nach Säckingen.

1877 kam Steinhausen zu bleibendem Aufenthalt nach Frankfurt. Wir mieteten ein gemeinsames Atelier in der Kaiserstraße und eine Wohnung in der Mainzer Landstraße. Wir arbeiteten beide recht fleißig und waren meist wohlgemut. Gemalt habe ich in der Zeit unter andern einen »Endymion«, »Alberich« und die »Rheintöchter« – Nibelungenbilder.

Am Pfingsten ging ich nach Säckingen, und am 19. Juni war mein Hochzeitstag mit Bonicella Berteneder aus Landshut. In der evangelischen Kirche von Säckingen wurden wir von Pfarrer Siegrist getraut. Sie war 19 Jahr alt und ich 38.

In Säckingen malte ich dann eine Flora mit einem Blumenkranz. Ich habe später einmal, in einem Anfall von Unzufriedenheit mit dem Bilde, die Flora mit Amoretten und Wolken zugestrichen, so daß nur der Kranz übriggeblieben ist. Das Bild ist jetzt in der Leipziger Sammlung, auch malte ich »Christus predigt am See«, auch eine »Märchenerzählerin« und einige Landschaften am Rhein.

Steinhausen kam und wohnte in Obersäckingen. Eiser und Frau kehrten im Oktober von der Schweiz zurück. Wir machten aus, daß wir uns in Basel treffen wollten, und ich muß gestehen, ich war nicht gleichgültig, welchen Eindruck Cella auf die Freunde machen würde. Aber in der ersten Viertelstunde schon wußte ich, daß Cella durch ihre ungesuchte sonnige Heiterkeit, durch ihr natürliches Wesen geradezu die Herzen der Freunde gewonnen hatte, das war mir für Frankfurt doch höchst erfreulich.

Märchenerzählerin (Radierung, 1920)

Ende Oktober war ich wieder bei Eisers, er machte mir Mut, daß ich es wagte, in der Lersnerstraße 20, dem Holzhausenpark angrenzend, eine Wohnung für 828 Mark zu mieten. Im Dezember ging ich zum Einpacken nach Säckingen. Dann reisten wir, Mutter und Agathe, Cella, unser Kater Peter und ich, ab und waren am Abend in Eisers gastlichem Hause. Den Kater Peter, den behaglich schnurrenden Hausgenossen, konnten wir nicht zurücklassen. Es steckt immer etwas wie ein Geheimnis in so einem Tier, mit dem wir in Verkehr treten. Peter fand sich auch in Frankfurt bald zurecht.

Die Mutter und auch wir andern waren nun in Sorgen, wie es uns in dem teuern Frankfurt mit dem wenigen Geld gehen würde. Ich gab der Mutter ein eisernes Kästlein mit dem Geld, und so war sie, die Sparsame, die Hüterin desselben; so wurden alle Ausgaben wohl überlegt. Sie zählte und rechnete immer, wie lange das vorhandene noch reichen würde, und was dann?

Das war eine bange Frage. Aber es ging, und der Vorrat im Kästlein ging nicht aus, er vermehrte sich. Und so kam doch bald über uns das schöne Gefühl der Sicherheit, wie es sich auf der Lebensstufe »wohlgetan« schickte. Auf dieser Stufe stand jetzt mein Leben.

Bis jetzt konnte ich die Zeitfolge so ziemlich genau beglaubigen aus Tagebuchangaben. Das hört jetzt auf. Denn es gibt keine Tagebücher über den ruhigen Gang meines Lebens in Frankfurt. Was konnte ich da viel sagen. Es waren die Jahre, wo man dem Stillstand entgegengeht, wo man diesen festhalten will, und da ist man still an seiner Arbeit.

Im Winter 1878 malte ich in meinem kleinen Atelierzimmerchen die ziemlich große »Flucht nach Ägypten« und auch den »Christus und Nicodemus« und manche Landschaft. Meine Frau malte Blumen. Ihre Geschicklichkeit war erfreulich, ihr gutes Auge leitete sie, ihre Bilder ausstellen wollte sie nicht. Da, um unsern Karren vorwärts zu bringen, gab sie jungen Damen aus unserm Bekanntenkreis Malunterricht, mit viel Erfolg. Die Schülerinnen hingen sehr an ihr. Am

Ostern 1879 kaufte Charles Minoprio aus Liverpool, ein geborner Frankfurter, eine Landschaft von mir im Kunstverein. Das war wichtig für mich, denn es knüpfte sich daran für die nächsten Jahre, wo meine Bilder von ziemlich allen deutschen Ausstellungen zurückgewiesen wurden, eine erfreuliche Sicherung meines Bestandes. Minoprio kam jährlich und kaufte immer mehrere Bilder. Er brachte auch seinen Schwager von Sobbe mit, der es hauptsächlich auf Blumen von mir abgesehen hatte. So kamen mit der Zeit in diesen englischen Besitz mehr als 60 Bilder, von denen eine Ausstellung im Liverpooler Kunstverein gemacht wurde, so daß meine erste Sammelausstellung in England stattfand.

16

Mit Minoprio stand ich in lebhaftem Briefwechsel, er interessierte sich sehr für Kunstfragen. Er lud mich ein, ihn zu besuchen, und so reiste ich am 18. August 1879 nach England. Da finde ich nun wieder folgende Aufzeichnungen: »Venloo, 4 Uhr nachmittags, rotblühendes Heidekraut auf weiter Ebene, Viehherden, Schafherden, weiter grüne Wiesen, schwarz- und weißgefleckte Kühe, hohe schlanke Bäume, schnurgerade Kanäle mit Schiffen, in den Sümpfen längs der Bahn blühende Seerosen. Tilbury. Die Gegend groß und weit wie ein Meer, in goldnen Abendnebelschein gehüllt. Breda, Sonnenuntergang. Rosendal, hochgetürmte Wolken von mattem Abendschein beleuchtet. Halb neun Uhr Vlissingen, hastiges Laufen zum Schiff. Drängen zur Kajüte, wo die Bettnummern ausgegeben werden. Enges Ding mit sechs Betten, immer zwei übereinander. Ich ging aufs Verdeck, sah den Leuchtturm, ein Leuchtschiff und über dem nächtlichen Grauen des Meeres den herrlichen Sternenhimmel. Dann aß ich in der Kajüte. Im Bette freute ich mich am Wiegen des Schiffes und schlief gut bis morgens 4 Uhr. Dann sah ich auf dem Verdeck, wie der Morgen auf dem Meer sich ausbreitet. Um 5 Uhr Queenborough, Hinausdrängen aus dem Schiff, Zoll, Einsteigen in den Zug. Dann Fahrt ins unbekannte Land hinein, welches ein dicker und doch durchsichtiger Nebel weich umhüllte, der auf saftigem Grün wie ein Goldschleier wirkte. Chatam. Bald in einem Gewirr von Häusern und Eisenbahnen. Um 8 Uhr Victoria-Station. Scholderer empfing mich. Wir fuhren dann an Westminster vorbei und dann von einem Bahnhof nach Scholderers Haus in Putney.

20. und 21. Nationalgalerie und in Scholderers Atelier, gar weit entfernt von seiner Wohnung. 22. Mit Scholderer und Frau nach Dolwich-Galerie, schöne sonnige Landschaft mit mächtigen Bäumen. Samstag, 23., von Euston Station nach Liverpool Edge Hill. Minoprio an der Bahn. 24. Sonntag im Garten, M. mit seinen Kindern. Nachmittags Ausfahrt mit M. und Frau an den Fluß und durch den Park. 25. Mit von Sobbe in einem Klublokal, dann mit Dampfer über den Mersey nach New Brighton, zu Fuß am Strande hin nach Haylake, bei starkem Wind und heranrollender Flut. Zweistündiger Marsch, großer Golfspielplatz. Mit der Bahn zurück nach Birkenhead. Wunderbarer Anblick, der Hafen mit den Schiffen, dahinter die Stadt mit ihren Türmen, darüber ein mächtig aufgeballter Wolkenhimmel.

Ich malte die zwei Sobbekinder. Ich arbeitete vormittags und trieb mich nachmittags in der Stadt und meist am Hafen herum. Bleiche abgemagerte Kinder waren da, wo Getreide ausgeladen wurde, krochen am Boden und lasen verlorene Körner auf, die sie in den Mund steckten. Als ich ein paar Kupfermünzen zwischen sie fallen ließ, steckten sie dieselben wohl ein, ohne nur zu mir aufzusehen, führten sie ihre Fruchtkörnlein zum Munde.

Auch sah ich die Herbstkunstausstellung. Viel anders als in Deutschland ist es da auch nicht. Viel Water Couleurs.

30. August zeichnete ich in New Brighton am Strand, sah auch dem Kanonenschießen von einem Fort über das Meer hinaus zu. Reiter und Reiterinnen und viel Volk am Strand. Verkaufsbuden – mir schmeckten die frischen Austern. In

einer Kunsthandlung sah ich Bilder von John Philipps, David Kox, Millais, Cunell usw.

Am 9. September, 9 Uhr, fuhr ich von Liverpool ab nach London, durch die schöne englische Landschaft. Um 3 Uhr war ich in Dekaysers Hotel, ging zu Scholderer ins Atelier, später mit ihm und seiner Frau ins Kensington-Museum. Auch den 10. brachte ich im Kensington-Museum zu. Am 11. war ich in der Nationalgalerie, nahm Abschied bei Scholderers und fuhr abends 8 Uhr von London ab nach Queenborough, dort bestieg ich das Schiff. Es war eine gar schöne Mondnacht, und ich blieb meist auf dem Verdeck, trotz dem scharfen Wind, der mich oft wütend mit Wasser überspritzte. Schön war der herannahende Morgen, der Sonnenaufgang. Nicht weit von Vlissingen kam ein großes Schiff mit vollen Segeln im Sonnenlicht heran, ein unvergeßlicher Eindruck. Am 12. September war ich wieder in Frankfurt, wo ich so weiter malte.

Minoprio ermunterte mich zu einer italienischen Reise, wozu er mir die nötigen Bestellungen mitgeben wolle.

Am 13. März 1880 reiste ich mit Cella ab über Säckingen und den Bodensee nach München. In Bozen waren wir einen schönen Abend mit dem Maler L. Eysen aus Frankfurt, der in Meran wohnte, zusammen. Wir hatten verabredet, uns dort zu treffen. Dann fuhren wir nach Florenz. Diese Stadt erschien mir nun wieder in ihrer ganzen Schönheit. Ich war glücklich, sie meiner Cella zeigen zu können, die so gute Augen dafür hatte, für die Fülle dieser Florastadt. Wir besuchten Hildebrand, Böcklin, usw.

Am 25. März fuhren wir ohne Aufenthalt nach Neapel. Wir wohnten bei Zepf-Weber. Die Verpflichtung, für Minoprio Bilder zu machen, war sehr gut; ich zeichnete gleich Landschafts- und Figurenstudien; so auch in Sorrent, wo wir vom 8. bis 14. April waren, im Hotel Lorelei. Der tolle Lärm Neapels mit dem drohenden Vesuv im Hintergrund ängstigte uns schier; wir waren auch in Pompeji. Aber alles das, was ich für M. malen wollte, aus der Neapeler Gegend, hatte ich nun in der Mappe. Obgleich ich mich ungern, besonders auch vom

Neapeler Museum trennte, reisten wir doch ab nach Rom. Denn diese Reise war doch diesesmal so eine Art Geschäftsreise mit vorausgesetztem Plan und auch Kostenüberschlag. In Rom nahmen wir ein Privatzimmer, gingen in die Sammlung, aber besonders gern mit der Mappe in die Campagna. Beim Hain der Egeria waren wir einmal, ohne daß wir es beim Zeichnen merkten, ringsum von einer Herde langgehörnter Ochsen umlagert, und wir wagten nicht den Durchbruch. Endlich konnten wir uns einigen Feldarbeitern, die des Weges kamen, anschließen und mit denen das Gitter gewinnen. Es war aber doch ein großartig herrlicher Morgen. Bei diesen so schönen Campagnagängen nahmen wir meist das Essen mit, um keine Zeit zu verlieren, besuchten wohl auch die da und dort zerstreuten Osterien und tranken ein Glas Wein. Mit den Ziegenhirten verstanden wir uns ausgezeichnet. Da wir abends müde heimkamen, so kamen wir auch selten mit Deutschen in einer Kneipe zusammen. Wir gingen in bescheidene italienische Wirtschaften und saßen zwischen Italienern, die sich wunderten, daß meine Frau die Sprache nicht verstand. Denn sie sah ganz aus wie eine Römerin (ich habe sie später auch in einem italienischen Kostüm als Gärtnerin gemalt). In Tivoli habe ich die Wasserfälle gemalt. Ich wäre gerne noch länger geblieben, aber Cella war so aufgebracht über die Tierquälereien, die wir überall sahen, daß ich sie ein paarmal zurückhalten mußte vom Einschreiten dagegen. Daß sie nicht mehr bleiben wollte, dazu kam noch am letzten Tage der Anblick einer rohen Mißhandlung, wo auf offner Straße ein Mann seinen Buben blutig schlug. Wir gingen nach Rom zurück, von dort dann nach Siena, bei einem argen Regentag. Der eigentümliche Sand- oder Lehmhügel in der Nähe von Siena schien sich aufzulösen und in unzähligen Rinnen hinunterfließen zu wollen. Mit Hunzicker besuchte ich eine primitive handwerkliche Töpferei. Ein paar Teller bemalte ich mit Majolikafarben. Wir streiften in der schönen Umgegend herum und freuten uns an dieser eigenartigen Stadt. Wir hatten eine Privatwohnung gemietet für die zwei Wochen, die wir hier waren.

Am 20. Mai gingen wir nach Florenz, Hotel S. Marco; 23. nach Bologna; 24. nach Mailand; 26. nach Stresa, wo ich noch einige Zeichnungen machte. Am 27., Fronleichnamstag, machten wir im Ruderboot eine Seefahrt nach Isola bella und Isola pescatore, es war ein wundervoll klarer Tag. Da schwamm auf den Wellen gerade auf uns zu ein kleines Blechkistchen, wir fischten dasselbe auf, und als wir es öffneten, war es mit herrlichen frischduftenden Rosen gefüllt. Wir nahmen es als gute Vorbedeutung, als einen Gruß von Geisterhand an meine Blumenmalerin.

Am 30. Mai von Stresa nach Locarno, Biasca, 31. von da im Wagen mit einem zufällig begegnenden Herrn und Frau Ebhard aus Hannover bei kaltem Wetter in einem Wagen über den Gotthard. Am Hospiz hohe Schneemauern, die Telegraphendrähte dick mit Eiskristallen umwickelt. In Andermatt kamen wir, halb erfroren, schlotternd an, doch erholten wir uns in der Nacht so, daß wir am Morgen alle vier wohlgemut waren. Es hatte keinem was geschadet, und wir fuhren im Wagen nach Flüelen, blieben noch ein paar Tage in Luzern, dann über Zürich, Schaffhausen nach Säckingen. Am 7. waren wir wieder in Frankfurt. Weil diese unsre Reise eine Art geschäftlichen Charakter hatte durch die daran geknüpften Bestellungen, so habe ich alle Ausgaben peinlich genau aufgeschrieben. So haben wir vom 13. März bis 7. Juli 2303 Franken gebraucht. Das sind 87 Tage, kommt auf den Tag etwa 26 Franken. Das ist für zwei Personen gewiß billig. Hat doch ein Frankfurter vor der Reise mir gesagt, daß man, wenn man mit Frau reist, mindestens 200 Franken auf den Tag rechnen müsse. Das ist der Unterschied zwischen einem reichen Frankfurter und einem armen Malerehepaar.

Im Sommer 1880 malte ich nun die Bilder für Minoprio. Ich malte Tivolis Wasserfälle, malte Deckenbilder im Ravensteinhaus. Lugo war ein paar Tage bei mir, auch Martin Greif hat mich besucht. Ich male Bilder zu den Nibelungen für Dr. Eiser. Am 30. Oktober schicke ich 14 Bilder an Minoprio nach Liverpool.

Der Bergsteiger

Mit dem Pariserhofwirt Melchior verkehrte ich gern, er hatte eine kindliche Freude am Malen; probierte es selber, und so half er auch mit, als ich ihm zwei Wandbilder für ein Gartenhaus in der sorglosesten Art aus dem Stegreif hinmalte. Bald reichte er mir Farben, bald ein Glas Wein. Ich erwähne das, um zu sagen, wie harmlos ich im Betrieb meiner Malerei war, kindlich sorglos.

Je weiter ich in der Geschichte meines Lebens komme, desto mehr sehe ich, daß ich sie nur auf Erinnern und Vergessen aufbauen kann. Es bewegt sich wohl alle Geschichte, auch die der Völker, innerhalb dieser Grenzen. Man sagt, wenn man alt ist, so lebt man nur noch in Erinnerungen. Man sagt, die Kunst ist »Ein Sicherinnern«. Auf Erinnerung beruht die historische Wissenschaft und Forschung. Der Chronikenschreiber arbeitet für das Erinnerungsvermögen der Zukunft. Erinnerung, ein merkwürdiges Wort, es bedeutet wohl so viel wie Erneuerung des Innern des Menschen, seines gelagerten geistigen Wesens. Erinnern ist ein Tätigkeitswort und bedeutet so etwas wie ein Erregen, ein Aufstochern unsers Innern, damit Vergangenes, Verdecktes wieder zur Oberfläche gelange. Damit es im Lagern nicht verschimmle. In Sprache, Schrift, in steinernen Denkmalen usw. macht der Mensch sich Zeichen, aus denen er wieder den Zusammenhang von räumlich und zeitlich getrennten Ereignissen für sein Gedächtnis, für das Gedächtnis seines Volkes, für die Menschheit in die Zukunft hinein retten will.

Auch der Einzelne lebt, wenn er alt ist, nur meist noch in Erinnerungen, den Denkzeichen seines Lebensganges, Erinnerungen tauchen auf aus den Tagen seiner Jugend, wo man noch frei von Erinnerungen dem Leben gegenübergestanden. Erst das Alter kramt in den Notizen, die in seinem Gehirn und in seinem Schreibkasten angehäuft sind. Da kommen sie dann gar oft wie freundliche Boten, an denen seine Phantasie sich freut, an dem bunten Tanze, den sie um ihn aufführen, so daß das wehmütige Gefühl Vorbei! Vorüber! zurückgedrängt wird. Aber welche Schmerzgestalten ziehen mit herauf, ungerufen, die man nicht abwehren kann, die so stark werden können, daß man sich nach dem Gegenteil des Erinnerns, nach dem Vergessen sehnt, welch letzteres von der gütigen Natur wohl auch besonders dem Alter beschieden ist. Vergessen ist wohl wie ein Vergießen, ein Ausgießen der Erinnerungen. Die Jugend hat noch nichts zu vergessen, Erinnern und Vergessen sind zumeist dem Alter vorbehalten. Tätigkeiten, die aus seinem Wesenszustand hervorgehen.

Diese Zwischenbemerkung entspringt einer Verlegenheit, wie ich jetzt die Frankfurter Jahre in meinem Lebenslauf fasse; er ging ja aus den Jahren »Wohlgetan« über das fünfzigste Jahr »Stillstand« zu dem sechzigsten Jahr, wo das Alter anfängt. Ich habe viel gearbeitet, aber sonst war nicht viel Aufschreibenswertes vorhanden. Jedoch gern tröste ich mich damit, daß dem, der dieses einmal lesen wird, so gar nicht viel daran liegen wird, wo ich an dem und jenem Tag gerade war. Ja, ich fürchte, daß er schon genug an den bisherigen Datumsangaben hat in dem Gefühle: Was geht das mich an! Doch denke ich, derlei genaue Zeitangaben bestärken im Leser den Glauben auch an die andern Aussagen, die man ihm macht.

Im Marxzeller Häuschen, 3. Juni 1918, im vierten Kriegsjahr, voll banger Sorge, wann wird diese Schreckenszeit enden und wie wird sie enden? Ich sitze am Schreibtisch und wühle in alten Erinnerungsblättern, die zum Teil mich erfreuen, aber auch gar schmerzlich mich berühren. Es sind Zeichen des Traumes vom vorübergegangenen Leben, die solche Blätter festhalten wollten. Ach ja! Nun sitzt neben mir die treue Gefährtin des Alters, die nicht mehr von mir weicht: Frau Sorge. Sie plappert, lispelt und seufzt zwischen die aufsteigenden Erinnerungen hinein: »Wozu denn? Willst du, Alter, nicht endlich einsehen, wie vergänglich alles ist. Was klammerst du dich an diese vergilbten Blätter, die dir ein wenig Jugend vorgaukeln sollen. Du bist doch gescheit genug zu wissen, wie nahe der Tod ist. Ich sehe ihn, er steht hinter deinem Schreibstuhl, er hat dich lange genug verschont, aber jeden Augenblick kann er sagen: So, jetzt ist's genug! Ich, die

Frau Sorge, meine es gut mit dir. Ich will dich doch nur an dein bißchen Leben mahnen, du hast noch gar viel zu besorgen, und deine Rechnung abzuschließen, um etwaigen Schaden, den du durch dein eigenartiges Wesen für andre angerichtet haben könntest, so gut es geht, auszugleichen, ehe du fortgehst. Es ist möglich, daß du dort, wo du hinmußt, Rechenschaft ablegen mußt über jedes unnütze Wort, was du gesprochen hast, über dein ganzes Verhalten in dem Pilgerland. Da wird dir wohl dein geschriebener Lebenslauf, wenn du ihn vorlegen wirst, nicht viel zur Verteidigung nutzen«.

Ach ja, Frau Sorge mag wohl recht haben. Aber ich habe auch nicht unrecht, wenn ich denke, es kann ihr doch einerlei sein, ob ich versuche, den Traum meines Lebens an mir vorüberziehen zu lassen, um ihn aufzuschreiben, oder ob ich auf meiner Altersbank im Halbschlummer sitze und mit meinen Fingern spiele, die Feierabendzeit hindurch in der Dämmerstunde, wo man doch nicht mehr so recht arbeiten kann. Zur Rechtfertigung werde ich diese Lebenslaufgeschichte gewiß nicht brauchen. Ich weiß einen Richter, der hat uns beten gelernt: »Vergib uns unsere Schulden wie auch wir unsern Schuldigern vergeben«. Ich hab aber mein Lebtag gar selten das Gefühl gehabt, daß mir jemand etwas schuldig sei, und wenn auch dann und wann etwa, so konnte ich dies im Handumdrehen vergessen.

Jetzt will ich aber wieder als ordentlicher Berichterstatter weiterschreiben.

17

Im Sommer 1880 malte ich die Bilder für Minoprio, ich malte die Wasserfälle von Tivoli. Ich malte recht viele Bilder. Weil ich nur recht niedre Preise erhielt, so fühlte ich mich auch frei von Verantwortung dem Käufer gegenüber, etwas besonders Wertvolles machen zu müssen. Ich malte drauflos, was und wie es mir paßte und wie ich es gerade konnte. Es entstanden

Hans Thoma mit seiner Frau Cella (Gemälde, 1887)

Malereien in Ravensteins Hause, ohne Vorbereitung an die Wände gemalt, so entstanden auch die Malereien im Café Bauer und die dortigen Deckenmalereien. Der Ravensteinsche Auftrag für dieses Lokal mußte innerhalb von etwa sechs Wochen fertig sein, weil da die Eröffnung sein sollte. Not macht erfinderisch. Da der Saal im Entstehen voll Arbeitsleute war, konnte ich unmöglich darin malen; in meinem kleinen Atelier war kein Platz für so große Bilder. Da kaufte ich mir Rollenpapier und heftete mir zwei Streifen davon an die Wand, und darauf malte ich meine Figuren gleich fertig mit Tempera und Terpentinölfarben. Dann schob ich den Streifen eins ab und setzte einen neuen Streifen an, an dem ich im Zusammenhang mit dem zweiten weiter malte und so weiter bis zum Ende des etwa 9 Meter langen Bildes. Die fertige Malerei wurde sodann wie Tapeten auf die Wand geklebt, und es paßte. So entstanden der Gambrinus- und der Bacchuszug. Auch die Monatsbilder mit ihren Schnörkeln malte ich so für die vorher schon eingeteilte Decke. Ob das Papier haltbar sei, daran durfte ich freilich nicht denken, es mußte zur Einweihung des Lokales fertig sein, und ich betrachtete die Malerei als eine mehr oder weniger vergängliche Dekoration zu diesem Anlaß. Es wurde dann auch weidlich über diese Malerei geschimpft, und ein Malermeister, der die Wände angestrichen und allerlei draufschabloniert hatte, veröffentlichte eine Erklärung, um Irrtümer zu vermeiden, daß die Malereien nicht von ihm seien. Die Dauerhaftigkeit des Papieres hat sich aber an den Malereien für die Restauration »Zum Kaiser Karl« glänzend bewährt, die ich ein paar Jahre später auch in Ravensteins Auftrag ebenso malte. Bauliche Veränderungen zerstörten gar bald das auf die Hinterwand gemalte wohl beste Bild vollständig. Die Wand mußte hinausgerückt werden, und ein Dekorationsmaler malte eine Landschaft darauf. Nach Jahren, etwa 1912, ging das Haus in andern Besitz über und wurde gründlich verändert. Der neue Besitzer fragte mich, ob man die Bilder wohl abnehmen könne, aber ich sagte nein, denn sie seien auf Papier gemalt und aufgeklebt, das Abnehmen sei ausgeschlossen. Aber der Frankfurter Maler Bausinger wagte sich doch daran, und er löste das Musikantenbild und die friedliche Familie ziemlich ganz von der Wand los und ließ das Papier auf Leinwand aufziehen.

Die Bilder wurden mir nach Karlsruhe geschickt. Ich freute mich jetzt wieder daran und besserte gern das aus, was schadhaft geworden war. Das Familienbild war ziemlich stückhaft heruntergenommen, so daß ich die landschaftliche Umgebung neu malte. Auch Albert Lang hatte für das gleiche Lokal in gleicher Weise einige Bilder gemalt, die abgelöst wurden. Der Triumph des Papiers war vollständig.

Auch Steinhausen und Ernst Sattler waren in Ravensteinhäusern tätig. An der Außenseite des Hauses Kaiser Karl wurden die großen Köpfe als Schlußsteine zwischen den Fenstern gemacht. Steinhausen machte die Seite nach der Zeil, ich die nach der Eschenheimerstraße. Ich machte die sieben Todsünden mit einem achten Kopf als Zugabe, sie sind grotesk und vielleicht auch ein wenig zu groß geworden, sie haben dem Haus den Namen Fratzeneck eingebracht. Zwischen den Fenstern wurden Mosaiken angebracht.

Auf diese Todsünden machte ich einmal folgende Sprüche:

Unerlaubt häßliche Sünden! Man wagt kaum sie zu nennen.
Man schämt sich ihrer und deckt mit dem Schleier der
Nachsicht sie zu.

Erfreulich ist aber zu sehen wie gut doch die Menschen sind,
so gerne bereit zu schimpfen und schmähen über die
häßlichen Sünden der andern.

Leidenschaft wandelt das Antlitz des Menschen, dem Löwen
bald gleicht es, dem Bocke, dem Hunde, dem Affen, bösen
Mächten verfällt es, es verfällt auch des Künstlers
harmlosem Spiel.

Dem Neider, dem Nörgler nichts will ihm taugen, er reißt
auch Gutes und Edles in Staub, da er immer verneint so
darf er wohl auch der Ewige sich nennen.

Der hagre Greis gönnt niemand die Güter, er sperret sie ein,
sie mögen verderben, nur daß andre sie nicht haben
oder sie erben.

Hoch fährt der Mut über der Allzuvielen Tun und Treiben,
doch all das sieht er nicht, was im Stillen schafft die Demut.

Ist der Sack gefüllt so will ich ruhen vom Kauen

Mein Beruf ist, die Welt als Nahrung verdauen.

In diesen ruhigen Stillstandsjahren der Frankfurter Zeit kam
auch Thode als Direktor an das Staedelsche Institut. Er wurde
mir von seinem ersten Besuch im Atelier an ein treuer
verstehender Freund.

Durch Thode kam auch Gräfin Erdödy zu uns, sie wurde
meiner Frau und mir eine liebe teilnehmende Freundin.

Zu meinem 50. Geburtstag schenkte sie mir einen Riesen-
strauß von 50 Rosen. Meine Blumenmalerin in ihrer Lebhaf-
tigkeit sagte, diesen Strauß male ich jetzt und schenke das Bild
der Freundin. In ihrer stürmischen Art nahm sie auch gleich
die schönste Leinwand aus meinen Vorräten; ich wehrte ab:
diesen Strauß kannst du in den paar Tagen, da er sich hält
nicht fertigbringen und verdirbst mir nur meine schönste
Tafel! Es half nichts. Sie malte den Strauß in natürlicher Größe
in drei Tagen ganz vortrefflich, natürlich auch zu meiner
Freude, und konnte ihn der Freundin schenken.

Ein gültiges Zeugnis der Blumenheiterkeit unsres Daseins
ist auch mein Bild: »Offenes Fenster nach dem Holzhausenpark«, ein Maitag. Das Bild ist jetzt im Besitze des Staedel-
schen Instituts und sagt wohl Tieferes über den glücklich
schönen Friedenszustand, der bei uns wohnte, als Worte es
könnten.

In diesen Jahren war auch eine Ausstellung meiner Bilder bei Gurlitt in Berlin – sie hatte aber gar keinen Erfolg. In Berlin traf ich auch Langbehn, und er ging mit mir nach Frankfurt. Derselbe wurde ein paar Jahre vorher durch Haider mit mir bekannt. Er besuchte mich, und wir schrieben uns oft. Jetzt in Frankfurt arbeitete er an seinem Buch »Rembrandt als Erzieher«. Ich war fast der einzige, der davon wissen durfte. Aber als das Buch fertig war und er es mir aus Dresden zuschickte, mußte ich ihm geloben, daß ich es niemand sagen wolle, wer der Verfasser sei. Dies führte komische Ereignisse herbei, indem viele mir sagten, dies Buch müsse ich lesen und ich ihnen ausweichend antworten mußte – ich mache mir nichts aus derartigen Büchern usw. Wozu das Geheimnis sein sollte, wußte ich freilich nicht. Ich hatte zu der Zeit ein größeres Atelier gemietet, und Langbehn war fast täglich bei mir; so kam der Gedanke, ihn zu malen, und es entstand das Bild »Der Philosoph mit dem Ei«. Seine geradlinige Unverträglichkeit erschwerte den Umgang mit ihm sehr. Er geriet auch mit allen meinen Freunden an- und auseinander. Mein Vermitteln wollte nicht helfen. Unsre sehr harmlose lebhafte Korrespondenz wollte er später ausgetauscht haben, worauf ich bereitwillig einging.

Zu der Zeit ging ich auch einmal auf ein paar Wochen nach München, um Konrad Fiedler und Adolf Hildebrand zu malen. Einmal ging ich auch nach Köln, um einen Herrn und seine Frau zu malen, die mit Schumm verwandt waren. Die Malerei fiel aber, wie es bei guten Porträts fast immer der Fall ist, sehr zur Unzufriedenheit der Besteller aus. So, daß es sich bestätigte, was Trübner einmal sagte, als ich ihm mitteilte, daß ich eine uns befreundete Dame malen wolle: »Tun Sie das nicht, Porträtmalen zerstört die Freundschaft«.

Die Bilder, die in der Frankfurter Zeit entstanden sind, will ich nicht im einzelnen aufzählen. Ein Verzeichnis mit Zeitangabe ist im 15. Bande der »Klassiker der Kunst«, aufgestellt von Thode, Deutsche Verlagsanstalt in Stuttgart, erschienen.

Wenn ich nicht irre, war es im Jahre 1882, als ich mit Eiser zum erstenmal nach Bayreuth ging. Durch Kapellmeister Kniese war ich schon einigermaßen in die Zauberwelt Richard Wagners eingeführt. Eines Abends war ich auch im Wahnfried, Wagner war gerade an diesem Abend gehindert, in der Gesellschaft zu erscheinen, und so kam es, daß ich nie persönlich mit ihm zusammenkam. In den spätern Jahren, da Wagner schon nicht mehr lebte, kam ich fast jährlich zu den Aufführungen nach Bayreuth, so daß ich alle Werke aufführen sah. Mit Cella wohnte ich mehreremal bei dem Freunde Max Groß in Leineck. Befreundete mich mit dessen Bruder Adolf Groß, dem vortrefflichen geschäftlichen Leiter der Festspiele. Bei dem nähern Umgang mit Frau Cosima Wagner und ihrer Familie waren es für uns gar schöne weihevolle Tage. Auch außer der Festspielzeit war ich einmal im Wahnfried, wo ich ein Porträt von Frau Wagner malte und Zeichnungen von den Töchtern Isolde und Eva und von Siegfried Wagner machte. Frau Wagner veranlaßte mich auch, Vorschläge für die Kostümierung der Nibelungen zu machen. Ich schnitt die Gewänder im kleinen zu, so daß ich sie Gliederpuppen, die ich früher schon in langen Winternächten gemacht hatte, um mich über die Verhältnisse und Bewegungsmöglichkeiten der menschlichen Figur zu belehren, anziehen konnte. Für diese Puppen passend, schnitt ich die Gewänder der Göttinnen, und machte ich aus Pappe Helme und Harnische für Wotan und für die Nibelungenhelden, für die Walküren usw. Nach diesen Puppen habe ich dann die Kostümfiguren gezeichnet. Cella half mir schneidern. Man nannte mich Götterschneider, und die Kostüme wurden so genau wie möglich nach meinen Angaben gemacht.

Die Maler der Frankfurter Künstlergesellschaft wählten mich auch einmal zum Präsidenten unter heftigem Widerspruch einiger die Gesellschaft seit langher beherrschenden Architekten, welche behaupteten, daß mir zu einem Präsidenten jede Fähigkeit abgehe, daß ich weder repräsentieren noch sprechen könne. Ich übernahm trotzdem das Amt; in der nächsten Generalversammlung versuchte man es, mich außer

Fassung zu bringen mit allen möglichen Ränken, die ich wohl durchschaute; ich behielt meine Ruhe und Besonnenheit und ging, sogar nach dem Zeugnis der Gegner, als Sieger aus der Probe hervor. Daß ich, wenn es sein mußte, auch sprechen konnte, bewies ich auf einem großen Künstlerfest im Palmengarten, wo ich als Präsident eine Ansprache halten mußte, die wohl gelang, nachdem ich meine angeborne Schüchternheit überwunden hatte.

Einmal mußte ich auch zu einem Kaiserempfang Dekorationen malen in der Römervorhalle. Es war gar kurze Zeit, und ich malte die Sachen auf Rollenpapier, das befestigt wurde. Jedenfalls sind die Dekorationen beim Herunterreißen zerstört worden. So habe ich gar gern teilgenommen an allen gemeinsamen Bestrebungen der Frankfurter Künstler. Öfters machte ich auch Aquarelle, welche ich zum Teil verschenkte oder auch als billige Ware verkaufte. Auch wurde ich veranlaßt, derlei zu wiederholen. Da kam ich auf den Gedanken, wenigstens die Umrißzeichnung durch Vervielfältigung herzustellen. Ich las eine Anzeige aus Berlin von einem handlichen Apparat, Tachograph genannt, mit dem man Drucke durch lithographisches Verfahren herstellen und eigenhändig drucken könne. Ich ließ den Tachographen kommen und fand ihn recht praktisch zur Herstellung einfacher Zeichnungen. Ich zog von jeder Zeichnung auf dem Stein etwa 1020 Exemplare ab mit der Absicht, dieselben zu kolorieren. Dies Kolorieren verleidete mir aber bald so, daß es nur wenig bemalte Drucke gibt. Später sah ich ein, daß es bequemer wäre, wenn ich wirkliche Lithographien machen würde, die bei Werner und Winter in Frankfurt und bei Z. Scholz in Mainz gedruckt wurden. Einen guten Katalog über meine graphischen Arbeiten hat J.A. Beringer angefertigt, soweit dies möglich war bei der sorglosen Art, wie ich diese Sachen in die Welt hinausstreute. Sie waren nie in einem Verlag, der die Sachen kontrollierte, ich hatte nie die Absicht, diese Drucke geschäftlich auszunutzen. Radierungen machte ich erst in den 90er Jahren. Manfeld unterrichtete mich in der Technik. Das Behan-

deln der Kupferplatte und das Ätzen hatte mir aber etwas sehr
Unangenehmes. Da, eines Tages, fand ich ein Stück vernickeltes Zinkblech, welches der Spengler als Abfall von einem
Reflektor an einer Wandlampe liegengelassen hatte. Spielend
probierte ich die Radiernadel darauf und kratzte einen Kopf
auf das Blech. Ein Abdruck, den ich davon machen ließ, schien
mir gut zu sein, das zu sein, was ich von meinem Radieren
erwarten konnte, so daß ich bei dieser mir bequemen Technik
der Kaltnadelarbeit auf vernickeltes Zinkblech blieb und mich
in diese einübte.

Ich hatte ganz richtig vermutet, daß der Nickelüberzug der
Zinkunterlage die nötige Festigkeit gebe, daß die Platte eine
ziemlich große Zahl guter Abdrucke aushalten würde, 100
und mehr. Allerdings kann man nichts mehr wegschleifen wie
auf einer Kupferplatte. Dagegen sind aber auch die Zinkblech-
platten sehr viel billiger. Jetzt benutzen gar viele Künstler
diese vernickelten Platten.

Bei meinen alten Papieren fand ich ein Verzeichnis der in
diesen und frühern Jahren verkauften Bilder. Die Preise sind
erschreckend niedrig. So bekam ich z.B. für »Christus und
Nicodemus« 400 Mark. Aber das war noch einer der Höchst-
preise. Daß wir trotzdem so im ganzen ohne Mangel zu leiden
durchkamen, verdanken wir der herkömmlichen schwarzwälder Genügsamkeit und Sparsamkeit.– Wir waren zufrieden.

Die Mutter war mit ihren siebziger Jahren sehr rüstig und
ans Arbeiten gewöhnt. Sie duldete es in den ersten Jahren
nicht, daß wir ein Dienstmädchen nähmen. Sie hatte einen
eigenartigen Standpunkt, sie sagte: »Wir gesunden Leute
müßten uns ja schämen, wenn wir ein Dienstmädchen hätten«. Erst später sah sie es ein, daß in einem komplizierten
Stadthaushalt eine Hilfe notwendig sei. Sie kochte gerne und
gut. Es freute sie, wenn sie eine gute Speise auf den Tisch
bringen konnte. Wir hörten eines Tages, als wir uns schon an
den Mittagstisch setzen wollten, auf dem Vorplatz ein Gepolter
und gleich darauf die Mutter lachen, und als wir hinauseilten,
lag die Gute auf dem Boden und hielt mit beiden Händen eine

Hans Thoma und seine Mutter Rosa Thoma
(Photographie, 1894)

große Schüssel mit Erbsensuppe über sich. Wir waren erschrocken, aber sie lachte so herzlich, daß wir mitlachen mußten. Wir nahmen ihr die Suppe ab und halfen ihr auf. Da schilderte sie, daß sie die Erbsensuppe hineinbringen wollte und über etwas gestolpert sei, so daß sie sich nicht auf den Füßen halten konnte, daß sie fallen mußte. Da sei ihr einziger Gedanke gewesen: nur die Erbsensuppe nicht verschütten, und als sie auf dem Boden gelegen, habe sie die Schüssel gerade noch so in den Händen gehabt wie vorher. Sie wisse nicht, wie sie auf den Boden gekommen sei. Ihr einziger Gedanke sei gewesen, nur die Suppe nicht verschütten! Es war auch kein Tropfen aus der vollen Schüssel verschüttet. Freilich hätte sie nicht gewußt, wie sie wieder hätte aufkommen können, wenn ihr niemand die Suppe abgenommen hätte. Wir erheiterten uns noch oft über diese durch Willensenergie so wunderbar gerettete Erbsensuppe.

Die Mutter hatte Sinn für derartige komische Situationen, die ihr und den Angehörigen passierten, und konnte herzlich lachen, wenn sie derlei Erlebnisse erzählte. Es vereinigte sich ein gar schöner lebensfroher Humor mit ihrer tiefernsten Frömmigkeit. Hiervon ein Beispiel: Sie war schon an den neunziger Jahren, und ich wußte, daß ihr eine Wagenfahrt in den Wald große Freude machte. An einem schönen Himmelfahrtstage sagte ich: »Heut Nachmittag wollen wir in den Wald fahren«. Da geriet sie in einen frommen Eifer: »An einem so hohen Feiertag nur an irdische Vergnügungen denken, das ist unrecht; wir wollen an unsern Heiland denken«. Ich wußte, daß da nichts zu machen sei und sagte: »Nun, da bleiben wir halt hier«. Nach dem Mittagessen aber ging sie ans Fenster, der Himmel war so blau, und die Sonne strahlte. Dann kam sie zu uns, ein wenig Schalkheit leuchtete ihr aus den Augen: »Ich hab es mir jetzt doch überlegt, und ich denk, wenn heut unser Heiland in den Himmel gefahren ist, so wird es auch keine so große Sünd sein, wenn wir in den Wald fahren. Lina soll den Wagen holen, wenn sie gespült hat«. Zum Teil hat sie dies auch deshalb anders überlegt, um uns andern die Freude nicht zu verderben. Unsre Sparsamkeit kam uns gut – dadurch wurde das Gleichgewicht zwischen Ausgaben und Einnahmen hergestellt, und wir waren froh und dankbar über jeden kleinen Zuwachs der Einnahmen.

Meine Mutter verwahrte das eiserne Kästlein, worin unser Geld war, und sie sinnierte oft und rechnete, wie lange es noch reichen würde. Gar oft war sie bekümmert und sagte, jetzt langt's nur noch bis zur Kilbe, – bis Weihnacht, – bis Ostern. Und was machen wir dann? Aber das Kästlein füllte sich immer wieder in steigendem Maße, und als ich einmal sagen konnte, jetzt hat mein Geld nicht mehr Platz in dem Kästlein, und ich habe 12000 Mark auf die Sparkasse gelegt, wo es mir jährlich 400 Mark Zinsen trägt, bewunderte sie mich förmlich. »Was, du hast Geld am Zins!« Das war der Armen fast unbegreiflich, daß ihr Sohn einmal »Geld am Zins« haben würde. So haben die armen Leute doch auch ihren Teil Freude auf der Welt.

An meinen Arbeiten nahm sie viel Anteil; sie hatte eine gesunde natürlich Freude an Bildern. Freilich hatte sie gar keinen Vorrat von Schlagworten, die ein jeder Kunstliebhaber sich erwerben muß, wenn er in Kunstsachen mitsprechen will. Sie hatte aber an meinen Bildern auch manches auszusetzen, was ihr nicht gefiel, besonders unzufrieden war sie mit den dunkelblauen Himmeln, die ich öfters machte. Sie sagte, der Himmel ist immer hellblau, wenn er blau ist. Mach doch keine so dunkeln Himmel! So Bilder kauft dir niemand ab.

Sie war sehr phantasiebegabt. Sie erzählte gar oft und gern, was sie für schöne Träume habe. Sie freute sich an dem wundervollen Traumspiel, das sie oft umgaukelte. Dabei wußte sie auch recht klar die Örtlichkeit, die Gegenständlichkeit ihrer Träume zu schildern. Sie sprach nur in unserm Dialekt, und so will ich einen ihrer Träume, den ich mir besonders gemerkt habe, auch wie sie ihn erzählt im Dialekt hierher schreiben:

»Hüt nacht han i aber en schöne Traum gha! s'hät mer träumt i bi z'Bernau obe gsi uf usere Matte am Schwendele Loch; i ha alls so gnau gseh, i ha müsse s'Heu uff Schöchli zsammreche, d'Sunn hät so schö warm gschiene, s'hät so viel Heu gha, und am Bach her sind große schöni Blume g'stande, s'isch mer so wohl gsig, i ha mi gfreut über des schö Wetter, i ha husli g'rechet, daß mer s'Heu no haim bringe bi dem trochne Wetter. Do sind uf einmol wie i so schaff schöne kleini Vögeli uf d'Matte gfloge und hend mer g'hulfe s'Hai z'sammescharre, und sie händ Hälmli uf d'Schöchli traiht – und wo i denk ihr liebe Vögeli und sie recht alug, so hät jedes vo dene Vögeli a klei Strauhütli uf em Köpfli gha, wie mers im Haiet brucht«.

So erzählte sie oft von schönen Gegenden, die sie im Traum durchwandelt und wieviel Schönes sie dabei gesehen habe. Aber ihre Traumphantasie spielte ihr auch manchen Schabernack und verschonte sie nicht mit schrecklichen Erlebnissen, wo sie mit unheimlich schreckhaften Tieren kämpfen mußte. Sie erzählte auch, wie sie vor dem Einschlafen, ganz wie sie wolle, sich gar schöne Köpfe vorstellen könne, vor sich sehen könne. Es erscheine einer um den andern. Aber nach und nach habe sie es nicht mehr in der Gewalt, es kämen häßliche Köpfe, die Gesichter schnitten, so daß sie sich fürchte. Sie wollten auch nicht weggehen, so daß sie manchmal aufstehen müsse, um Licht zu machen, den Spuk zu verscheuchen. Sie erzählte auch, daß sie in Bernau schon in jüngern Jahren unerklärliche Geistergeschichten erlebt habe. Eine dieser Geschichten will ich erzählen, sie interessiert vielleicht manchen Spiritisten.

Eines Abends, wo es schon angefangen habe dunkel zu werden, sei sie, um den Heimweg abzukürzen, über die abgemähten Wiesen am Bache her gegangen und habe an gar nichts gedacht. Da sei ihr auf einmal mit einem Ruck das festumgebundene Kopftuch von hinten heruntergerissen worden, so etwa wie ein mutwilliger Mensch, der hinter ihr hergeschlichen sei, zum Spaß es hätte tun können. Sie hätte in dieser Meinung sich auch umgesehen und habe auch Oho gerufen, aber es sei weit und breit kein Mensch gewesen; es sei ihr ein wenig unheimlich gewesen. Sie habe das Kopftuch wieder aufgebunden und sei am Bach her weitergegangen, um auf die Straße zu kommen, da sei ihr aber das Kopftuch gerade wie das erstemal wieder heruntergerissen worden und so ein drittes Mal. Da sei ein Grausen in sie gekommen, und sie habe angefangen zu laufen – es sei ihr dann eingefallen, daß man sage, daß an dieser Bachstrecke her ein Geist umgehe, der schon manche geneckt habe. Sie sei nie abergläubisch gewesen und habe nie – besonders an diesem Abend nicht, an diese Sagen gedacht.

Auch Vorahnungen und Todesansagen hat sie gehabt, so z.B. in der ersten Nacht, als mein Bruder Hilari krank heimgekommen sei, habe sie voll Sorgen, da der Kranke vor Hüftschmerzen laut jammerte, aus dem Fenster gesehen. Da sei auf dem Grasplatz neben dem Vogelbeerbaum ein helles ruhiges Licht gestanden auf unerklärliche Weise an einer für ein Licht unmöglichen Stelle, sie sei erschrocken, sie habe dies als Anzeichen genommen, daß ihr Sohn, der am Abend heimgekommen sei, an dieser Krankheit sterben werde. Denn weder vorher noch nachher sei an dieser Stelle ein Licht erschienen, und als sie am Morgen hinuntergegangen sei, sei nichts von einer Spur dagewesen, sondern das Gras wie immer. Der Sohn ist freilich nach monatelangem Leiden an dieser Hüftgelenksentzündung gestorben. Das war eine schreckliche Leidenszeit auch für die Mutter; sie kam eigentlich nie mehr ins Bett und wachte am Krankenlager als einzige Pflegerin. Auch der Vater wurde schwer krank an einer Lungenentzündung. Ihre kräftige Natur hielt Stand, wo alles auf ihr lag in dieser schrecklichen Zeit; ich war noch ein Schulbub, meine Schwester ein Kind von vier Jahren. Sie erzählte auch oft, daß ihre ältern Brüder ihr prophezeit hätten: Du wirst einmal Dinge sehen und Dinge erleben, die andre Menschen nicht wissen, weil du in der Fraufastenzeit geboren bist.

An ihrem Todestage, am Morgen des 23. Februar 1897, sagte sie zu Agathe, die im gleichen Zimmer schlief: »Was war denn das für eine schöne Musik, die gespielt hat!« Und da meine Schwester sagte, daß sie keine Musik gehört habe, sagte sie: »Du mußt aber fest geschlafen haben, daß du die Musik nicht gehört hast; so schöne Musik habe ich noch nie gehört, es ist schade, daß du sie nicht gehört hast; es war doch ganz nahe«. Am Nachmittag dieses Tages starb sie.

Ich komme nicht so leicht los, von meiner Mutter zu erzählen, indem ich von meinem eigentlichen Lebenslauf berichten will. Die Frankfurter Jahre waren aber für sie doch noch schön, soweit eine ruhige Zeit für eine lebendige Seele, die durch viel Leid und große Sorgen durch das Leben hindurchgegangen ist, noch schön sein kann. Das einsame Alter mußte sie freilich schwer empfinden, und so sagte sie oft, da es dem neunzigsten Jahr entgegenging:»Hat mich denn der liebe Gott vergessen, daß er mich nicht heimholt?« Aber wie wir alle hing sie doch am Leben, denn als ihre letzte Krankheit kam, von der wir andern wußten, daß es die letzte sei, sagte sie ganz unwillig:»Muß denn alles an mich kommen!« Nun ruht sie in Gottes heiliger Erde auf dem Frankfurter Friedhof, wo auch meine Cella ruht und wo auch mir und Agathe die Ruhestatt bereitet ist.

Ich muß immer wieder daran erinnern, daß ich diese Lebensberichte in dem Alter schreibe, wo man das Urteil darüber verliert, was im Lebenslauf wichtig ist und was nichtig ist; so möge man eben alles gemischt hinnehmen, wie es ja eigentlich im Leben auch ist.

So will ich auch hier unsers braven Dienstmädchens Lina gedenken, die elf Jahre bei uns war; auch das erste Jahr noch bei uns in Karlsruhe, wo sie sich verheiratete. Wir hatten die Stelle ausgeschrieben. Da, als Cella und Agathe aus dem Fenster schauten, kam ein Mädchen mit Schürze und Korb um die Straßenecke so muntern Schrittes, daß beide sagten, wenn die zu uns kommt, die behalten wir; und sie kam und bewährte sich.

Ein paar angenehme Sommer verlebten wir mit der Mutter noch in dem schönen Oberursel, wo ich ein Häuschen gemietet hatte und wo die Mutter noch so lebhaft am Landleben nahm Anteil. Wir hatten ein Gärtchen und hielten Hühner. Die Frankfurter Freunde Küchler, Eiser, Haag, Gerlach, Fries besuchten uns öfters, wohnten auch zeitweise im gastlich freundlichen Schützenhof in der guten Verpflegung der Frau Kopp. Auch Thodes kamen und einmal die Gräfin Erdödy. Wir machten Ausflüge und Ausfahrten in den Taunus hinein, z.B. nach Usingen zu der Familie Dienstbach. Dort war auch Kapellmeister Hermann Wetzlar. Wieviel liebe Taunuserinnerungen knüpfen sich an Oberursel und an Kronberg, wo ich später ein Häuschen im Kastaniengarten kaufte, an das mir Ravenstein ein Atelier anbaute. Das Haus war hergerichtet, so daß wir auch das ganze Jahr dort wohnen konnten; vielleicht unser Haus Wolfsgangstraße 150 nur für wenige Wintermonate benutzend. So hatten wir uns gut eingerichtet für eine behagliche Existenz in der uns so liebgewordenen Stadt Frankfurt, die zu verlassen wir nie mehr dachten. Allein es sollte ganz anders kommen, als wir dachten und wollten – es schwebte eine Prophezeiung über mir vom alten Amtsdiener in St. Blasien aus dem Jahr 1859, der mir im Wartezimmer des Amtshauses mit geradezu feierlichem Ernste sagte: »Sie werden noch einmal Kunstdirektor in Karlsruhe!« Und auf das ungläubige Gesicht, das ich machte, sagte er: »Ich weiß es, denken Sie an mich alten Mann. Sie werden noch einmal Kunstdirektor in Karlsruhe«. Ich erzählte dies, als ich heimkam, der Mutter und Schwester, und bei den Mißerfolgen, die mich von Karlsruhe forttrieben, neckten wir uns wohl einmal damit: Jetzt bin ich bald Kunstdirektor in Karlsruhe! Aber es mußte die Prophezeiung auch gegen meinen Willen in Erfüllung gehen.

Das Häuschen in der Wolfsgangstraße war klein aber behaglich. Steinhausen mit seiner Familie waren unsre guten Nachbarn. Gar manches war uns gemeinschaftliches Erlebnis. Mit Herrn von Pidoll, dem liebenswürdigen Menschen und vortrefflichen, ernst und leider schwer ringenden Künstler, dem das, was sein eigen großes Talent ihn machen hieß, nie genügte, kam ich gern zusammen. Auch Böhle sah ich oft und freute mich an seinem Krafttalent. Es kam mir vor, daß die Rauhbauzigkeit, von der man erzählte, nur ein Schutz sei für eine aufrichtig wahrhaftige, im Grunde weiche Künstlerseele. Auch mit Peter Burnitz und seiner Familie verkehrten wir. Auch den talentvollen Altheim sah ich öfters. In Kronberg war von jeher eine Malerkolonie, mit Bürger, Brütt, Schrödel. Auch Süs war dort, und mit ihm machte ich keramische Versuche. Er hatte einen kleinen Ofen und machte mit Hilfe eines Technikers vom Fach manche hübsche Majoliken, für die sich auch Kaiserin Friedrich, die in Kronberg wohnte, sehr interessierte.

Ich hatte, als ich noch im Sommer in Oberursel wohnte, bei einem Töpfer Freude daran gefunden, ganz in primitiver Art Teller und Gefäße zu verzieren, anspruchslos genug, um als Sommeraufenthalts-Ferienarbeiten zu gelten. Aber so eine Tonwarentechnik hat etwas sehr Anreizendes, daß man nicht so leicht vom Probieren loskommt; so kam es, daß ich auch in Karlsruhe, wohin Süs mit seiner Majolikabrennerei übergesiedelt war, noch lange an dieser Technik herumprobierte. Gar zu interessant ist der Kampf mit dem Feuer, aus dem die Arbeit immer ganz anders herauskommt als man es gemeint hat, von dem man aber später sieht, daß diese Zufallsgewalt des Feuers doch gesetzlich gewaltet hat und etwas Schönes, Naturproduktähnliches hervorgebracht hat.

Der gute Hafner in Oberursel, der mich weiter nicht kannte, warnte mich, als er sah, daß ich Teller und Schüsseln bemalen wollte, er meinte, da schaue kein Verdienst heraus. Eine Frau und ihre Tochter gehen bei den Töpfern herum in der Gegend und bemalten für wenig Geld ganze Vorräte. Es schaue nichts dabei heraus. Ich lachte freilich darüber. Später sah ich aber doch selber ein, daß bei dieser Töpfebemalung nichts herausschaute. In der Großherzoglichen Majolika-Manufaktur arbeitete auch der so talentvolle Bildhauer Würtenberger, von dem es sehr schöne Arbeiten gibt. Freilich das Mittelding zwischen künstlerischer Anstalt und schwerfällig geschäftlichem Unternehmen, das sich rentieren sollte, hatte große Schwierigkeiten. Es schaute nicht viel dabei heraus!

Blick auf Frankfurt (Radierung, 1909)

18

Im Frühling 1887 war ich einige Zeit bei Hildebrand in Florenz. Auch Konrad Fiedler war zu der Zeit dort, und so hatten wir recht lebhafte Unterhaltungen über Kunst und Welt. Es war eine gar schöne, künstlerisch anregende Zeit. Ich arbeitete viel – machte in Hildebrands Atelier Figurenstudien, aus denen später die Bogenschützen hervorgingen. Auch malte ich eine Ansicht im Garten in St. Francesko.

Hildebrand hatte mir freilich geschrieben, es wollten sich ein paar seiner Bekannten von mir malen lassen. Als Muster hatte ich auch zwei Bilder mitgebracht: das Doppelporträt von Cella und mir, das jetzt in Hamburg ist, und Cella mit dem Kinde Ella im Garten, jetzt in Hannover. Aber gerade diese Muster waren schuld, daß niemand, trotz der Bemühungen Hildebrands, sich von mir malen lassen wollte. Diese Bilder gefielen halt nicht. Gar schön war ein Ausflug, den ich mit der Familie Hildebrand machte nach Pisa und in den mächtigen Pinienwald an das Meer, den Strand von Livorno.

Reich an Kunst- und Reiseeindrücken kehrte ich Ende Mai wieder nach Frankfurt zurück. Manche meiner Landschaften sind geradezu aus der Flucht der Eindrücke von der Eisenbahn aus entstanden. So machte ich auf der Station Massa bei kurzem Halt ein paar Striche nach den Bergen von Carara, aus denen später das Bild entstanden ist, welches das Staedelsche Institut besitzt.

Im Jahre 1890 kam Toni Stadler aus München, um im Auftrag des Kunstvereins Bilder von mir zu einer Ausstellung auszuwählen. Vorrat hatte ich genug und so wählte er über 30 Bilder aus. Diese Ausstellung war ein mich ganz überraschender Erfolg. Die Kritik war wie umgewandelt, und besonders Bierbaum begrüßte meine Bilder mit poetischem Schwung. Ein Bild um das andre wurde verkauft. Die Kunstverleger bemühten sich um Nachbildungen. Wir gingen nach München. Ein Kunsthändler machte mir den Vorschlag, daß er alles, was ich male, mir abnehmen wolle gegen einen hohen

Jahresgehalt. Aber alles müsse dann sein gehören. Nach vielen magern Jahren hatte dies Anerbieten doch seine verlokkende Seite für mich, und fast dachte ich, daß auch Cella sich freuen würde; aber als ich es ihr sagte, lachte sie mich förmlich aus. Was, jetzt willst du dich binden lassen, wo du es gar nicht mehr nötig hast? Du willst deine Freiheit verkaufen? Freudig sagte ich nun dem Kunsthändler völlig ab.

Der feinsinnige Stadler wurde mir ein treuer Freund, ebenso Bierbaum, der mich später in Frankfurt besuchte. Wir hatten uns öfters geschrieben. Dr. Eiser war begeistert von Bierbaums Gedichten.

Von München fuhren wir auch nach Landshut, der Geburtsstadt von Cella. Mit den Münchner Freunden Bayersdorfer, Greif, Haider, Stäbli, Frölicher hatten wir ein frohes Wiedersehen.

Im April 1891 ging ich mit Cella nach Venedig, wo uns die Freunde Thode gar verständnisvoll liebe Führer waren durch all die Herrlichkeiten dieser wunderbaren Stadt. Leider regnete, ja goß es die meiste Zeit so, daß die Fülle der Wasser unter mir und über mir mich bange machte. Auch bekam ich kleine Fieberanfälle, so daß ich auf einen Tag nach Padua ging, wo ich mich überzeugte, daß es in der Welt auch noch Staub und nicht nur Feuchtigkeit gebe. Mit Thode wallfahrteten wir nun auch zu dem Wunderbilde Giorgiones in Castelfranco, fuhren dann mit einem Wagen beim Ausbruch eines schweren Gewitters von Castelfranco fort, mußten Schutz suchen unterwegs in einem Bauernhaus, sahen dann eine sehr schöne mit leichten Fresken verzierte Villa der Katarina Cornaro – in den Farben von grün und gelb erinnerte es mich fast an Majolikawirkung. Darauf besuchten wir die von Paul Veronese mit Malereien reich ausgestattete Villa Maser, machten auch im Wirtshaus von Asolo halt, wo die Pferde gewechselt wurden. Durch allerlei Fährlichkeiten bei finsterer Regennacht kamen wir spät in Bassano an. Am andern Morgen sahen wir in die Schlucht hinein, aus der die wildschäumende Brenta hervorbricht – sahen dann die Galerie an mit den vielen Bassanobildern. Dann mit Bahn nach Vicenza, wo uns Thode verließ, um nach München zu fahren. Wir stiegen in einem palastartigen Hotel ab, aßen im schönen Speisesaal, von eleganten Kellnern bedient, gut zu Nacht und schliefen herrlich in den guten Betten. Wir freuten uns auf das Frühstück, als wir aber hinunterkamen war der Speisesaal in unmöglicher Unordnung. Ein Durcheinander von Tisch und Stühlen, kein Kellner war zu sehen, nur ein Hausknecht hatte in einem Nebenraum einen Tisch voll Stiefel stehen, die er putzte. In unserem unbeholfenen Italienisch gaben wir ihm zu verstehen, daß wir frühstücken möchten. Er machte ein etwas sonderbares Gesicht, sagte etwas, was wir nicht verstanden. Als wir unser Gesuch wiederholten, verschwand er und kam nach kurzer Zeit mit zwei Tassen Kaffee über den Hof gegangen. Unter jedem Arm trug er ein Brötchen, er schob dann mit dem Arm die zunächst stehenden Stiefel zurück und stellte uns das Frühstück hin. Ich erinnerte mich erst später, daß es mancherorts in Italien gebräuchlich ist, das Frühstück im Kaffeehaus einzunehmen. Wir sahen dann die Schönheiten Vicenzas an, die Rotunda und dergl. Gar schön waren auch die schneebedeckten Alpen im Norden; es hat immer einen gewissen Reiz, jenseits von etwas sich zu befinden.

Da noch gut Zeit war bis zur Abfahrt unseres Zuges, wollten wir noch gern die Umgebung ansehen, und auf einem Droschkenstand verhandelte ich über die Sache mit einem Kutscher; er sagte Subito! und ging in ein Haus nebenan, wo er gleich wieder mit einer andern Kopfbedeckung herauskam, und wir stiegen ein und machten eine sehr schöne Fahrt. Als wir am Bahnhof waren und ich ihn bezahlte, forderte er mehr als den doppelten Betrag als den, welchen ich mir als Taxe wohl gemerkt hatte. Und auf meine Einwendung hin zeigte er mir seine Kappe und bedeutete mir, daß er nicht als Droschken-, sondern als Privatfuhrmann uns gefahren habe und er deshalb nicht an den Tarif gebunden sei. Was wollte ich machen, ich lachte über diese Schlauheit, und er lachte auch. Ich zahlte, und so schieden wir in Frieden. Wir fuhren über den Gotthard nach Basel, wo wir noch ein paar Tage mit der Frau Pfarrer La Roche und andern Baseler Freunden zubrachten, ehe wir nach Frankfurt zurückkehrten. Basel war mir immer eine freundliche, fast heimatliche Stadt, und so folgte ich gerne einer Einladung des Herrn Vischer von der Mühl, ihm von seinem Gut, dem Arxhof im Baselland, eine Ansicht zu malen. So hatten wir im Anfang der 90er Jahre einen schönen Aufenthalt auf diesem Landgut, besuchten auch das schöne Schloß Wildenstein, welches dieser Familie gehörte.

Im Jahr der Krönungsfeierlichkeiten der Königin Wilhelmine waren wir mit der Familie Küchler in Holland und freuten uns an der ausgelassenen Lustigkeit des holländer Volkes, an dieser orangefarbigen Freude, die allenthalben herrschte. An den Reigentänzen, die man überall sah, nahm auch ein Gendarm teil, was in Deutschland gewiß unzulässig wäre. Ein javanisches Schauspiel hat mich sehr angezogen. Eine fast eintönige schwere Musik von Holz- und Saiteninstrumenten begleitete die so ausdrucksvoll deutlichen Pantomimen der biegsam schönen bräunlichen Körper; die Kostüme von höchstem Farbengeschmack. Schön waren das Meer und der Strand von Scheveningen und das Fischerwesen. Wir waren auch in Leiden, Harlem, Rotterdam, Amsterdam, auf der Insel Marken.

Im März 1897, nach dem Tode der Mutter, reisten wir, Cella, Agathe, Ella, Maria la Roche und ich nach dem Gardasee; über Ulm, den Bodensee nach Bregenz, wo wir übernachteten. Den andern Tag nach Innsbruck, den dritten über Mori nach dem Gardasee. Es war eine gar schöne Fahrt dem Süden entgegen. Der Ausblick, der sich von Nago herunter auf den Gardasee eröffnet, ist das Überraschendste, was man sich von landschaftlicher Situation und Schönheit denken kann.

Cella und ich wohnten bei den Freunden Thode auf ihrer schönen Besitzung Cargnacco – die andern drei wohnten in Salo.– Wir genossen die herrliche Gegend auf die ausgiebigste Art zu Wasser und zu Land. Dabei habe ich aber doch noch fleißig gearbeitet. Ein Sonntagmorgen unter den Ölbäumen

Mutter Rosa Thoma
(Schwarze Kreide, Tuschpinsel, braun laviert, um 1880)

von Sirmione bleibt mir besonders unvergeßlich, aber auch unbeschreiblich.

Vom Gardasee gingen wir noch auf ein paar Wochen nach Venedig, wo wir im Hotel S. Marco wohnten.

Eine Stätte, wo der Frieden gar schönen Ausdruck gefunden zu haben scheint, war uns die Insel mit dem Armenierkloster. Es wird einem gar wohl an solchen Stätten und gar wenn es eine Insel ist, vom blauen Meer umspült. Nachdem die Zeit abgelaufen war und wir die Herrlichkeiten Venedigs verlassen mußten, fuhren wir nach Mailand, über den Gotthard in die Schweiz, nach Ormelingen ins Pfarrhaus La Roche, wo der Bruder von Marie Pfarrer war. Dort blieben wir ein paar Tage, ehe wir nach Frankfurt zurückkehrten.

Ja, das Lebenslaufbeschreiben ist gar nicht so einfach, wie ich gedacht habe, als ich mich vom Pfarrer Hansjakob dazu verleiten ließ. Jetzt ist auch die Zeit, die in Frankfurt abgelaufen hinter mir liegt, erledigt. Was soll ich weiter davon sagen. Ich möchte am liebsten den Lebenslauf in abgekürzte Form fassen, daß er Platz hat in einem kleinen Sprüchlein, etwa so:

Ein kleines Licht, das in mir wirket still
Läßt mich die ganze Welt erkennen,
Ich weiß nicht, was es ist und was es will,
In Ehrfurcht will ich's Göttlich nennen.

Oder auch in Form einer Grabschrift, etwa so:

O Tod, du machst mein Aug zu nichts,
Doch nimmermehr die Macht des Licht's,
Die hat zum Werkzeug sich erbaut
Das Aug', damit es selbst sich schaut.
Die Zeit eilt hin, der Tod kommt her;
Er nimmt hinweg was Erdenschwer.
O weint nicht vor des Grabes Nacht,
Nur's Werkzeug wird zur Ruh gebracht.
Zu schwach, konnt's nicht die Zeit besteh'n,
Zum ew'gen Licht wird's aufersteh'n.

Es geht jetzt ein Schrecken über die Welt und ein Zittern durch die Völker. Wir leben in einer Zeit, die schwer zu ertragen ist. Wir suchen umsonst sie zu ergründen und suchen Klarheit uns zum Trost, da geschieht es wohl, daß die Seele sich vor der Welt verschließt und sich zurückbesinnt auf ihr eigenstes Sein und sich zurückzieht auf den letzten Quell alles Lebens, den wir Gott nennen. Wir finden Trost in dem Gedanken, daß wir der Vergänglichkeit enteilen mit dem Wort: Es geht alles vorüber! Die Einzelnseele schweigt, das große Weltgeschehen geht über sie hinweg, es geht sie nichts mehr an. Aber es vernichtet sie nicht.

Sie vernimmt wieder aus der Ewigkeit stammende Worte und versteht sie. Am Anfang war das Wort, und das Wort war bei Gott, und Gott war das Wort, dasselbe war im Anfang bei Gott, und alle Dinge sind durch dasselbe gemacht. Das Wort wird hier wohl die ewig schaffende Seele bedeuten.

In unserm Suchen und Ahnen können wir auf den Gedanken kommen, daß in diesem Zeitabschnitt die ewig schaffenden Kräfte aufgewühlt sind und Neuschöpfungen oder Neuordnungen hervorbringen, die notwendig sind. Wir können sie nicht übersehen, aber wir ahnen, daß sowohl Kräfte am Werke sind, die Gutes wollen und Böses bewirken, und sehen die Kraft, welche Böses will und Gutes schaffen muß. Die Einzelnseele kann nur still zusehen und sicher sein in dem Vertrauen, das aus all den bittern Kämpfen der wahre Kern der Menschheit, der göttlichen Ursprungs ist, sich herausschälen wird zu einer höhern Daseinsform, die sich über dem Abgrund erhebt, in dem die feindlichen Dämone des Menschengeschlechtes herrschen.

Aber das Aufräumen verursacht Kopfzerbrechen und wirbelt Staub auf, der die ewig schaffenden Kräfte umnebelt und unsern Blicken verhüllt.

19

Es war in den Sternen geschrieben, vielleicht aber auch nur im Kopfe des alten Amtsdieners von St. Blasien, daß ich wieder nach Karlsruhe mußte. Etwas wie eine Einleitung hierzu war es, daß Geheimrat Wagner und Zeichenlehrer Haßlinger einige meiner Handzeichnungen für den Gebrauch in badischen Schulen mit sich nahmen. Geraume Zeit nachher, im Jahre 1898, schickte mir Großherzog Friedrich das Ritterkreuz I. Klasse vom Zähringer Löwenorden. Eine Dankesaudienz konnte in St. Blasien stattfinden, da ich in diesem Sommer in Bernau war. Ich wurde zu Tisch geladen, und da bemerkete ich zu meiner großen Freude, daß die hohen Herrschaften sich noch lebhaft an meinen frühern Aufenthalt vor etwa 30 Jahren in Karlsruhe erinnerten. Großherzogin Luise konnte mir aus ihrem ans Wunderbare grenzenden Gedächtnis genau von einem Besuch sagen, den die hohen Herrschaften in Begleitung Schirmers in meinem Atelier gemacht hatten. Sie teilte mir mit, daß Schirmer nachher gesagt habe: »Aus diesem kleinen Schwarzwälder wird einmal was«.

1899 kam die Anfrage vom Karlsruher Hof an mich, ob ich die Galeriedirektorstelle dort übernehmen wolle; ich war sehr überrascht und voll Zweifel, was tun. Aber der mich rief, war doch mein Landesfürst, und etwas wie Gehorsamspflicht gab mir das Vertrauen, auf das Angebot einzugehen. Der Entschluß, von Frankfurt wegzugehen, war aber nicht leicht. Es kam auch zum Ausdruck, daß die Stadt Frankfurt doch nicht so gleichgültig um mein Schaffen war, wie es oft den Anschein hatte, und Oberbürgermeister Adickes machte auch den Versuch, mich in Frankfurt zu halten. Aber die Entscheidung war schon gefallen. An einer kleinen Feier zu meinem 60. Geburtstag nahm auch Staatsminister von Brauer aus Karlsruhe teil.

Besonders für Cella war das Aufgeben der behaglich schönen Existenz, die Art von Sicherheit in Frankfurt, eine gar schwere Sache. So kamen auch die Bedenken, ob es in meinem Alter nicht gewagt sei, solche Verpflanzung vorzunehmen. Nochmals kam die Sache ins Wanken, nachdem wir zu zweit Karlsruhe und namentlich auch die Wohnungsgelegenheit angesehen hatten.

Nachdem ich mich aber in einer Audienz überzeugt hatte, daß es ein ganz persönlicher Wunsch Ihrer Königlichen Hoheiten sei, mich wieder in Karlsruhe zu haben, unterdrückte ich alle Bedenken. Auch das liebenswürdige Entgegenkommen der Hof- und Staatsbeamten, mit denen wir zu tun hatten, so des Präsidenten Nicolai, der Minister von Brauer, Nobb, erfüllten uns mit Vertrauen für das Kommende.

So übersiedelten wir also nach Karlsruhe, waren aber im Sommer 1900 noch einmal in Cronberg. Dort machte ich die Entwürfe zu zwei Altarbildern für die Peterskirche in Heidelberg. Dieselben verdanken ihre Ausführung hauptsächlich dem lebhaften Eifer, welchen Frau Daniela Thode dafür hatte. Auch machte ich in diesem Sommer einen Teil der Bilder zum »Immerwährenden Bilderkalender«. An einem Tage, da Cella in der Stadt war, machte ich eine Kohlenzeichnung vom Jahresregent Mond. Als Cella das Bild am Abend sah, fing sie an zu weinen. Das war so ganz gegen ihre unsentimentale Art, daß ich ganz überrascht war; sie sagte aber, sie könne das Bild nicht ansehen, es komme etwas wie Todesahnung ihr daraus entgegen. Im Sommer schon hatte ich einen Anfall von Blinddarmentzündung, der aber glücklich vorüberging. Da, als die Möbel schon verpackt waren, da wir in den Tagen nach Karlsruhe wollten, bekam ich an einem Abend, als Cella in der Stadt war, einen heftigen Rückfall. Wir waren ratlos in der ausgeräumten Wohnung. Da telegraphierte Cella an unsre gute Freundin Sofia Eiser, daß sie uns bei sich aufnehmen möchte. Es reichte nun gerade noch bis zum letzten Zug, der nach Frankfurt fuhr. Dort nahm mich ihr Neffe August Rasor in Empfang, und dann lag ich einige Wochen ziemlich schwer krank im Eiserschen Hause.

Cella bewerkstelligte nun den Umzug nach Karlsruhe, wobei ihr Frau Anna Spier eine treue Helferin war. Als ich wieder hergestellt war, folgte ich nach.

Wir freuten uns nun am Einrichten der großen Wohnung. Eine Sache, die Cella meisterlich verstand. Sie freute sich nun sehr am neuen Nest und war mit der Übersiedlung ganz versöhnt, besonders auch, da sie überall, wo sie hinkam, gar freundliches Entgegenkommen fand. Es entwickelte sich eine erfreuliche Geselligkeit. Wir sahen oft die Akademiekollegen und meine Schüler bei uns. Cella zeigte sich auch hier ihrer Aufgabe gewachsen, ihr natürliches Taktgefühl leitete sie sicher, ähnlich wie es sie auch in ihrer Malerei geleitet hat.

Am 5. Februar 1901 veranstalteten wir ein kostümiertes Bauernfest in unsrer Wohnung, wozu 80 Personen erschienen waren. Im Atelier wurde getanzt. Es war eine gar lustige Gesellschaft wie sie die Laune erfindungsreicher Künstler zu improvisieren versteht. Der Charakter einer Bauernwirtschaft wurde auch in bezug auf echte kräftige Bauernkost, die allen gut schmeckte, aufrecht erhalten.

Mit Eifer ergriff ich meine Professorentätigkeit an der Akademie, sah aber ein, daß diese Lehrtätigkeit auch gelernt sein will, und daß ich darin Anfänger war. Ich konnte die Anforderungen der Schüler nicht befriedigen, wie auch sie meinen ungeduldigen Erwartungen nicht genügen wollten.

Im Sommer des Jahres durfte ich ein Bild des Großherzogs malen. Ich hatte die Idee, eine Umgebung im Hintergrund von der Insel Mainau dazu zu malen. Zu diesem Zweck beabsichtigten wir eine Reise nach dem Bodensee. In Konstanz hatte uns Frau Schmidpecht eingeladen. Anfangs Oktober gingen wir fort, hielten uns noch einen Tag in Säckingen auf. Dort klagte Cella schon über Schmerzen, sie wollte aber nicht umkehren und so kamen wir in Konstanz an. Aber dort wurden in der ersten Nacht ihre Schmerzen so groß, daß wir einen Arzt zu Hilfe rufen mußten. Die Arme sollte nicht mehr aufstehen. Da lag sie nun, wenn auch in freundschaftlicher Pflege, doch in fremdem Hause. Ich ließ Agathe kommen und quartierte mich im Inselhotel ein. Ich machte noch ein paar Zeichnungen auf Mainau, aber es waren bange Tage. Es war notwendig, daß Cella ins Krankenhaus übergeführt wurde, und da umtobten sie alle Schrecken des Spitals. Ein berühmter Arzt aus Zürich wurde herbeigerufen; es mußte eine Operation stattfinden. Die lieben Freunde aus Frankfurt kamen und wohnten mit mir im Inselhotel. Frau Eiser, Küchler, sie durften die Kranke nicht mehr sehen, auch Agathe durfte sie kaum mehr besuchen. Auch ich sollte fernbleiben. Das Gefühl, die gute Seele so in ihrer Einsamkeit zu wissen, war herzzerreißend für mich. Nach siebenwöchigem Krankenlager starb sie am 21. November 1901, nachmittags nach 5 Uhr. Ich kniete an ihrem Bette und hielt ihre erkaltende Hand in meinen Händen und sah in ihre erlöschenden Augen. Unsere Ella war auch einige Zeit in Konstanz. Sie nahm aber vorher schon Abschied von der guten Mama und kehrte nach Karlsruhe zurück. Die rührend zarte Teilnahme, welche das Großherzogspaar sowie auch Prinz Max an meiner Trauer nahmen, war wohltuend. Küchlers und Thodes waren mir zur Seite. Die Beerdigung fand auf dem Frankfurter Friedhof statt bei dem Grab der Mutter, wo auch Agathens und meine Ruhestätte sein soll.

Doch ich will nicht weiter berichten! Der Menschheit ganzer Jammer wird wohl bei jeder aufrichtigen Lebensbeschreibung einmal zum Vorschein kommen. Wir kennen ihn ja alle! Wir versuchen es wohl, ein lustiges Gespinste um diesen Jammer zu bauen, an welches sich die Seele anklammert, welchem sie Namen gibt, das sie gerne ihre Weltanschauung nennt – da hängt und zappelt dann die arme Seele daran. Merkwürdigerweise trachten aber die Menschen eifrig danach, jedem dem andern dies Luftgespinst, mit dem ihm der Gang durchs Dasein erleichtert wird, zu zerstören. Als ob das so wichtig wäre! Für uns Christen ist es das Kreuz, das wir aufs Grab setzen, das Punktum auf diesen Jammer.

Auf den Lebensstufen über »wohlgetan«, über »Stillstand« und »gehts Alter an« ist wohl der normale Zustand, wenn dem Mann zur Seite die Frau geht. Das bedeutet Stillstand im ruhigen Sein. Die Stürme haben keine allzugroße Bedeutung mehr. Wenn aber in den Jahren des Altersanfangs der Tod die

Feierabend (Radierung, 1901)

Gattin von des Gatten Seite nimmt, so ist das ein schmerzlicher Riß und unheilbar, wenn das Band der Ehe ein inniges
war. Das Volk hat ein Sprichwort darauf gemacht, das in seiner
Wahrheit gar grausam ist: »Wenn Gott einen Narren braucht,
so nimmt er einem alten Mann seine Frau«. Ein Narr Gottes
sein, das muß man sich halt gefallen lassen; hohe Herrschaften haben sich von jeher Narren gehalten zu ihrer Belusti-
gung. Sie zürnen dem Narren nicht und lachen, wenn er ihnen
die Wahrheit sagt. Für mich schien mit dem Tod meiner Cella
alles dahin zu sein. Die Freude an der Arbeit war dahin. Was
war mein Malen, wenn diese zwei treuen Augen es nicht mehr
sahen. Im kommenden Frühling erweckten mir die Blumen
nur schmerzliche Erinnerungen. Aber das Leben nahm seinen Lauf, es beanspruchte sein Recht. Der Drang zur Tätigkeit
fing an sich zu regen. Ich mußte Ausdruck finden für meinen
Schmerz, eine Form dafür, zu sagen wie ich leide. So entstand
auch das Gedicht »Klage«, welches ich zum Schlusse dieses
traurigsten Kapitels meines Lebenslaufes hierher setzen will:

Klage

Als Blumen du gepflückt in der Wiese am Waldrande
Und deine schönen Hände kaum faßten den Feldstrauß,
Da kehrtest du leuchtenden Auges zu mir zurück;
Liebe strahlt aus deinen Blicken, du Sonnenkind,
Geworden im Zauber des Jahres, wie deine Blumen.
Flora stand vor mir, die strahlende Göttin,
Sie setzte am schatt'gen Waldrand zur Seite sich mir,
Durch Ordnen der Blumen farbige Pracht noch zu erhöhen.
Mein warst du, Sonnige, mein deine Blumen,
Die Schönheit des Jahres, die Welt war mein,
Ein Königsgefühl durfte die Seele mir füllen,
Da du zur Seite mir gingst:
Ein menschgewordener Sonnenstrahl.
Und nun –
Ein Bettler, sitz ich am Waldrand,

Das zitternde Blumenfeld verschwimmt meinen Augen
Zu feucht trübem Grau –
Ein Totenfeld meines begrabenen Glückes.
O Einsamkeit!

20

Eifrig lag ich meiner Lehrtätigkeit an der Akademie ob. Ich hatte sehr talentvolle Schüler. Nennen will ich sie nicht – ich bin ängstlich. Denn bei der Empfindsamkeit, die unter Künstlern herrscht, steht es wohl dem Schüler zu, seinen Meister zu nennen, aber es dürfte manchmal unangenehm berühren, wenn der Lehrer von dem und jenem sagt, er war mein Schüler.

Denn Künstler werden geboren zum Unterschied von Gelehrten, die nach dem Sprichwort nicht vom Himmel fallen. Ich habe auch gefunden, daß gerade das Professorsein gelernt oder geübt sein muß, und ich wurde erst mit sechzig Jahren Akademieprofessor. Mein Eifer als Lehrer den Schülern zu nützen war groß, vielleicht aber ungeduldig, so daß manche Mißverständnisse entstehen mußten. Doch aber meine ich, daß mein Einfluß im ganzen sich später doch als guter erwiesen hat und bei einigen doch guten Grund gelegt haben könnte.

Die Sorge um die Galerie nahm meine Tätigkeit auch sehr in Anspruch, und ich konnte manche guten Bilder der Sammlung einfügen. So wurden die Tauberbischofsheimer Altarbilder von Grünewald gleich am Anfang meines Amtes von der Großherzoglichen Kunsthalle angekauft, und diese Erwerbung freute mich um so mehr, da ich diese Bilder schon bei meinem Münchner Aufenthalt kennenlernte in ihrer wechselvollen Geschichte. Ich freute mich besonders an den altdeutschen Bildern, die schon beim ersten Karlsruher Aufenthalt meine Lieblinge waren. Sie waren in sehr verwahrlostem Zustand in einem Korridor der Galerie aufgehängt. Ich konnte sie später bei dem Anbau an die Galerie zusammen und in besserem Lichte unterbringen. Gründliche Restaurierung war nötig, wenn sie der Zukunft erhalten bleiben sollten als Wahrzeichen deutscher Kunst. Es wurden auch bemerkenswerte neuere Bilder in die Galerie aufgenommen, teilweise durch Ankauf, teilweise durch meine Schenkung, so z. B. von Scholderer, Courbet, Burnitz, Ludwig, Leibl, Böhle, Steinhausen, abgesehen von Bildern Karlsruher Künstler. Es war eine ziemlich angestrengte Tätigkeit, die mich das Gefühl des heranschleichenden Alters weniger empfinden ließ.

Mein hoher Landesfürst würdigte mich eines vertrautern Verhältnisses, das sich wohl auch mit auf eine annähernde Altersgleichheit gründete. So konnte ich dem Fürsten in einer traulichen Stunde des Beisammenseins auch von den vielen Plänen sagen, die ich für Bilder gehabt habe und noch hätte. So z.B. hätte ich gerne in früherer Zeit schon vorgehabt, einen Bilderzyklus aus dem Christusleben zu malen, aber ich hätte nirgends Wände dafür gefunden, und so seien im kleineren Format manche Bilder unter diesem Plane entstanden. So z.B. Christus und Nicodemus, die Samariterin, Flucht nach Ägypten, Versuchung und andre, die aber als einzelne Bilder keinen Zusammenhang gehabt hätten und als Staffeleibilder zerstreut worden seien. Da sagte der Gütige, es klang fast wie scherzhaft: »Wände könnte man doch dafür schaffen!« Nun war der alte fast vergessene Plan wieder aufgeweckt, er wurde um so greifbarer, da dazwischen die für die Peterskirche in Heidelberg bestimmten zwei Altarbilder an ihre Stelle gekommen waren.

Da ich aber schon 65 Jahre geworden, so war ich zaghaft und traute mir kaum mehr zu, eine solche Arbeit noch zu unternehmen. Doch machte ich einen Entwurf zu einem Weihnachtstriptichon, welches ich den hohen Herrschaften zeigen konnte. Großherzogin Luise ließ die Arbeit vergrößert, als Weihnachtstransparent, von Süs ausführen, und es wurde bei Weihnachtsfeiern in Schulen und auch einmal im Rathaussaal aufgestellt.

Im August 1905 lud mich der Großherzog nach St. Moritz ein, wo ich das Glück hatte, auf Ausfahrten, auf Spaziergängen usw. diese hochstehenden edeln Menschen so recht in ihrem grundgütigen Wesen kennen zu lernen. Diese Ausfahrten in der großartigen Natur, so einmal ins Unterengadin auf einer Tagestour, dann nach Pontresina, an die Seen, bei Mariä Sils, wo im Walde der Tee bereitet wurde, bleiben mir unvergeßlich. Dort bei der Überfahrt über den See und im Walde fielen mir das erstemal zwei starke Männer in Zivilanzügen auf, die ich schon anderswo in der Nähe bemerkt hatte. Die Großherzogin sagte mir, das sei die Bewachung, welche die Schweizer Regierung zum Schutze der hohen Herrschaften angeordnet habe. Bei einem schweren Gewitter standen Seine Königliche Hoheit und ich an dem Fenster des Gasthauses in Maloja. Wir sahen hinunter in das so steil unter uns liegende Bergell, sahen auf der sich heraufwindenden Landstraße den winzig klein erscheinenden Postwagen. Aber wie aus einem Höllenkessel wallten die Nebel an den Felsenwänden auf und nieder, während Blitze über uns zuckten und weithallender Donner über das Gebirge hinrollte. Ein solcher großer Natureindruck gemeinschaftlichen Genießens und Betrachtens verbindet mehr, als es noch so ausdrückliche Gespräche vermögen. Es sind Eindrücke, vor denen auch die Sprache verstummen muß.

In St. Moritz war es, als der Großherzog, nachdem er mich fast bedeutungsvoll ansah, sagte: »Wenn wir Weißbärte noch etwas machen wollen,« so meine ich, daß es hohe Zeit ist«. Ich verstand den Wink und gestand, daß ich in einer Art von Verzagtheit kaum den Mut habe, die Sache zu unternehmen in Furcht, wenn der Bau gemacht sei, ich die Kraft nicht mehr haben könnte, die Sache fertig zu machen. Ich machte nun den Vorschlag, daß ich zuerst den Bilderzyklus fertigmachen wolle und daß dann erst ein Bau dafür gemacht werden solle, nur so könne ich in Ruhe arbeiten, ohne den Druck nicht erfüllbarer Verpflichtungen auf mir zu fühlen. So geschah es auch, ich fing die Malerei auf Grund und in den Maßen des Weihnachtstransparentes an und hatte am Ende des Jahres 1908 die Christusbilder fertig, ebenso die Kalenderwand mit den Monatsbildern und den Jahresregenten, so daß das Ganze unter dem Begriff eines Festkalenders sich zusammenfassen lassen konnte. Der hochselige Großherzog sah die fertigen Bilder nicht mehr. Aber Seine Königliche Hoheit Friedrich II. ließ einen Anbau an die Galerie errichten mit einem Anbau für die Christusbilder. In zwei Zimmern des untern Raumes konnten eine größere Anzahl von Bildern von mir untergebracht werden, die zum Teil schon der Galerie gehörten, zum größten Teil aber aus einer Schenkung bestehen, welche ich aus noch in meinem Besitz befindlichen Bildern dem badischen Hof zum Schutze übergeben durfte. Auch Freunde von mir schenkten in gleicher Weise Bilder; so Eduard Küchler das Porträt meiner Frau als Gärtnerin. Die Gräfin Erdödy schenkte ein Paradies, die Nornen und das Seeweib. Mein Selbstporträt mit Amor und Tod hat mir der Maler L. Eysen, dem ich es geschenkt hatte, testamentarisch zurückvermacht, so daß ich es hier unterbringen konnte.

An meinem 70. Geburtstage 1909 war die Eröffnung dieses Thoma-Museums. Es war eine große Feier mit Beteiligung der hohen Herrschaften, der Staats- und Stadtbeamten, Deputationen der hiesigen und auswärtiger Akademien und Künstlervereinigungen. Zu Tisch war die ganze Gesellschaft der Festgäste ins Schloß geladen. Am Abend war ein Festakt im Museum und weitere Ehrungen für mich. Der Großherzog hatte mir das Großkreuz des Zähringer Löwenordens verliehen, vom Großherzog von Hessen erhielt ich das Großkreuz des Philippordens. Im Museum wurde ein mit Hilfe vom Hoftheater und vom Verein bildender Künstler von Albert Geiger verfaßtes Festspiel mit Anklängen an Bilder von mir aufgeführt. Ehrendiplom und eine Kassette mit Zuschriften wurden mir überreicht usw. Tags darauf, am Sonntag, war im Stadtgarten gemeinschaftliches Mittagessen der Freunde von nah und fern. Am Abend war eine allgemeine Feier in der Stadthalle mit Aufführungen. Die Kinder der Duncanschule in Darmstadt waren hergekommen und führten ihre schönen Tänze auf. Es wurden Reden gehalten. Eine Militärkapelle spielte, die ganze Halle war gefüllt. Es war eigentlich erdrükkend für mich aber ich hielt stand und überwand meine Schüchternheit und hielt vom Podium aus, unvorbereitet, eine gar nicht kurze Ansprache an das festgästevolle Haus. In einem gedruckten Festbericht ist die Rede aufgenommen.

Daß ich noch einmal öffentliche Reden halten würde, hätte ich auch nie geglaubt. So hatte ich ein paar Jahre vorher schon, veranlaßt durch den Verband der Kunstfreunde in den Ländern am Rhein, bei dessen Ausstellung in Köln 1907 die Eröffnungsrede zu halten.

Aber es waren eben doch die Tage der Vereinsamung gekommen, und da die Süddeutschen Monatshefte, deren Herausgeber H. Coßmann ich von Frankfurt her schon kannte, mich veranlaßten, für sein Blatt dann und wann einen schriftlichen Beitrag zu liefern, so entstand aus diesen in stillen Stunden entstandenen Aufsätzen und Reden usw. später ein Buch im Verlag der Süddeutschen Monatshefte unter dem Titel: »Im Herbste des Lebens gesammelte Erinnerungen«, das ziemlich freundliche Aufnahme gefunden hat. Auch wurde auf meine Veranlassung eine Neuherausgabe von Dürers »Unterweisung der Messung«, bearbeitet von meinem jungen, früh verstorbenen Freund Alfred Pelzer vom gleichen Verlag herausgegeben. Bei uns im Hause wurde es noch einsamer, da unsre Tochter Ella sich mit Friedrich Blaue verheiratet hatte – so waren Agathe und ich recht allein in der Wohnung.

Aber ich hatte gar nicht viel Zeit allein zu sein. Der Großherzog hatte mich zu meiner großen Überraschung im Jahre 1907 in die erste badische Ständekammer berufen, welcher ich seitdem als Mitglied angehöre. Da ich diese Ernennung als Wunsch meines Landesfürsten ansah und annahm, sagte ich mir und andern, daß ich mir wohl bewußt sei, daß ich kein gesetzkundiger Politiker sei und daß meine Berufung doch als Vertretung der Kunst in diesem hohen Hause aufzufassen sei, so werde es mir gelingen, mit Ehren zu bestehen. Ich kam auch bei jeder Landtagsperiode ein oder zweimal zum Reden, dabei ließ ich mich nur auf Fragen ein, in denen auch ein Künstler mitsprechen kann. So z.B. über

Naturschutz, über Vogelschutz, auch über die jährlich wiederkehrenden Kunstakademie- und Galeriefragen, über Zeichenunterricht, auch einmal über die Sittlichkeitsfragen, insoweit sie die Kunst berühren. Ich nahm an allen Verhandlungen lebhaften Anteil, und so darf ich mich wohl ein guter Zuhörer nennen. Einmal über eine Petition über Gartenstadtangelegenheiten war ich sogar Berichterstatter. In meiner künstlerischen Tätigkeit herrschte ruhiger Fleiß, und es entstanden recht viele Bilder. Auch habe ich viele Radierungen gemacht, über welche der treue Freund Beringer wie auch über meine andern graphischen Arbeiten ein Verzeichnis herausgegeben hat. In dem kleinen Marxzeller Häuschen, welches ich einem Forstmann abgekauft hatte, machte ich recht oft Radierungen.

Für die Bernauer Kirche malte ich zwei Seitenaltarbilder, eine Maria über dem Tal schwebend am Morgen von den Vögeln begrüßt, und Johannes den Täufer, der auf den herankommenden Jesus zeigt. Anregung zu diesem Marienbild gab mir ein Gedicht von Franzis Grün.

Als ich im Jahre 1859 in die Kunstschule kam, sagten meine Bernauer Kameraden: »Du mußt uns einmal Bilder malen für unsre Kirche!« Ich, in dem Gefühl, das hat lange Zeit, sagte bereitwillig ja, ich mal euch einmal was. Bei spätern Besuchen in Bernau wurde ich öfters daran erinnert, was ich versprochen hätte. Ich wich aus, und so kam ich nicht dazu, mein Versprechen zu erfüllen. Darüber wurde ich alt und dachte, die Sache sei längst vergessen. Doch als ich im Sommer 1910 wieder einmal in Bernau war, erinnerte der Bürgermeister Maier wieder daran, und der Pfarrer Joos stimmte lebhaft bei. Ich schützte mein Alter vor und daß ich, mit allerlei Arbeitsverpflichtungen überhäuft, nicht mehr dazu kommen würde, die Bilder zu malen. Doch der Bürgermeister spielte noch seinen letzten Trumpf aus, indem er sagte: »Es kommen jetzt immer so viel fremde Besucher nach Bernau, wenn die im Adler Mittag gemacht haben, so sagen sie, jetzt wollen wir in die Kirche hinüber und die Bilder von Hans Thoma ansehen. Denn es wird angenommen, daß die vorhandenen Bilder von Ihnen gemalt seien, und die Bilder, die da hängen, sind ja nicht so besonders gut. Diese falsche Meinung sollten Sie sich nicht gefallen lassen und uns jetzt ein paar Bilder malen«. Das zog. Und ich machte mich in Karlsruhe dann gleich daran, nicht ohne eine gewisse Freude, daß mir vergönnt war, ein Versprechen, welches ich im Jahre 1859 gegeben hatte, im Jahre 1912 noch einzulösen.

Einige Aufzeichnungen, die ich noch auffinde, erleichtern mir das Erzählen über die Zeit, wie und wo ich mich nach meinem siebzigsten Jahre herumgetrieben habe. Nachdem ich im Winter 1910 eine ziemlich schwere Erkrankung überstanden hatte, meinte mein Arzt, daß ich eine Gegend aufsuchen solle, wo ich in guter Waldluft Spaziergänge auf ebenem Boden machen könne. Dies fanden Agathe und ich im Waldhotel bei Villingen, wo sich alles dies erfüllen ließ. Stundenlange Spaziergänge kann man durch würzigen Tannwald gehen, und ich spürte, wie wohl mir die frische reine Luft tat. Wir machten auch öfters Wagenfahrten. Villingen ist eine schöne alte Stadt mit schönen Häusern mit gemütlichen Erkern und breiten Straßen; auch besitzt es eine recht interessante Altertums-Volkskunstsammlung. Bei den naiv treuen Porträten, die dort hängen, fiel mir meine ganze Uhrenschildmalerzeit ein. Ich gestand es gerne ein, daß ich aus dieser einfachen Volkskunst meinen Ursprung genommen und freute mich, daß ich diesen Ursprung auch heute noch nicht verloren habe.

In dem wunderbar heißen Sommer 1911 waren wir und auch die Familie Blaue mit den zwei Kindern in Bad Dürrheim. Es war mir von jeher am wohlsten bei der Sommerhitze, und so war ich hier wochenlang recht in meinem Element. Als alter Mann ist man sich seines Rechtes, auf sonnigen Plätzen herumzulungern, gar sehr bewußt, gern möchte man sich ledig aller Pflicht betrachten. Man ist doch nur zum Lebensdienst verpflichtet bis zum siebzigsten Jahr, man möchte sich auch das Denken abgewöhnen, ohne daß man dadurch Schaden anzurichten fürchtet. Man setzt sich in so warmen Sommertagen gleich nach dem Frühstück auf eine Bank,

Sägemühle (Falkau, Radierung, 1898)

breitet eine Zeitung aus, groß genug, sich dahinter zu verstek-
ken, so daß jeder der etwa auch nach dieser Bank strebt, schon
von weitem sieht, daß sie besetzt ist. Ist ein Herankommender
neugierig, so kann er aus dem Titel der Zeitung schon
ersehen, welcher Partei der Zeitungsleser angehört. Nach
Partei und Konfession wird gar viel geforscht. Was man in der
Zeitung liest, bei so herrlichem Sommerwetter vergißt man es
sehr bald und wenn es sogar Kriegsgeschrei ist von einem
tückischen Feindesüberfall. Man will es nicht glauben, daß die
Völker – »Platz für alle hat die Erde« – so verrückt sind,
einander die Gurgel abschneiden zu wollen um nichts und
wieder nichts, ja noch um weniger als nichts; um schnöde
Habgier. Man kann es besonders in Dürrheim nicht glauben,
welches eine Art von Kinderparadies ist. Die Gesundheit
vieler Kinder soll durch Salz wieder hergestellt und bewahrt
werden für den bösen Winter mit seiner Schulzeit. Das Salz
wird hier aus der Erde gepumpt, getrocknet, in Säcke gefüllt,
steueramtlich gewogen, mit Bleisiegel versehen und dann in
die Welt verschickt.

Im Kurgarten wurde von einer Schauspielergesellschaft
das Glöcklein des Eremiten gespielt. Freilichttheater hieß
man es. Daß die Nachtszene im blendenden Sonnenlicht gespielt wurde, störte weiter nicht; auch das störte nicht, daß ein
aufgebrachtes Hündlein einem der spielenden Helden an die
Waden springen wollte, so daß er heftig abwehren mußte.

Wunderbar bei diesem luftklaren Wetter waren hier auf
dem Hochgebiete der Baar die Sternennächte. Als ich einmal
um Mitternacht auf den Balkon hinaustrat, bin ich fast erschrocken über diese Pracht, die Sterne von gleicher Klarheit
vom Zenit bis an den Horizont, jeder Stern glänzend und groß.
Sie schienen so nah, daß ich das Gefühl hatte, ich stünde
mitten unter ihnen, zwischen ihnen, ganz mutterseelenallein.
Ich konnte mir dies erhabene Schauspiel solcher Sternen-
pracht noch manchmal auf dem freien Felde verschaffen. Die
Trockenheit war groß, man jammerte und hoffte immer auf
Regen, wenn aber Wolken sich bildeten, so standen sie hoch-

getürmt, weißgeballt im reinen Ätherblau, welches sie in kurzer Zeit aufzehrte.

Das Hochgebiet, in dem die Donau sich bildet, wie auch etwas südlich der Neckar, ist in seiner Weite und Einfachheit gar schön. Die Bäche troddeln so durch das Gelände ostwärts, und auch von da an, wo sie sich zur Donau vereinigt haben, sind sie gar nicht eilig. Die junge Donau scheint es noch gar nicht zu wissen, welchen weiten Lauf sie zu gehen hat. Wie unentschlossen geht sie dahin, und fast könnte man sich denken, daß sie es sich bei Immendingen nochmals überlegt hätte und gerne ins Rheingebiet abgeschwenkt wäre. So versucht sie es hehlings auf unterirdischen Wegen ihrem Bruder Rhein einen Gruß zuzuschicken, ehe sie den ihr bestimmten großen Gang antritt. Daß die Gewässer hier oben so träg nach Osten gehen, das kommt wohl daher, daß ganz nahe dahinter, wo sie hervorquellen, ihre Bruderbäche in mächtigen Sprüngen z.b. bei Triberg in tiefe Täler dem Rheingebiet entgegenstürzen. Die Hauptstadt der Baar, Donaueschingen, ist nach einem Brande gar schön wieder aufgebaut, freundlich und einladend zum wohnen. Im September dieses schönen Sommers kam ich auch nach St. Blasien, dem jetzt so lebhaften Kurorte. Als ich jung war, war es ein gar stiller Ort, und seine gewaltige Kirchenkuppel stand sozusagen im Walde, es war damals schöner, und die Kirche zeugte von einer großen Vergangenheit. Die notwendig gewordenen Villen und Fremdenpensionshäuser, die unharmonisch herumstehen, verschönen das Bild nicht. Das ist freilich in allen hochgekommenen neuen Badeorten der Fall.

Ich ging auch in mein Bernauer Tal und fand es gar schön in seiner goldnen Septembersonnenklarheit. Die von der anhaltenden Hitze verdorrten Berghalden waren wie aus Bronze gegossen, und auf dem Rücken des Herzogenhornes war ein richtiges Glanzlicht, wie es auf Metall entsteht. So waren auch die Gliederungen der Tälchen, durch welche die Wiesenbächlein fließen, von größter Deutlichkeit der Modellierung. Darüber strahlte der Himmel in blauester Klarheit. Ein geradezu paradiesischer Vormittag, wie ich ihn mir eigentlich nur in Bernau denken kann, war es, als ich und Maler Haueisen, der gar oft in Bernau weilte, in dem Tannenwäldchen waren, durch welches der braune Forellenbach rieselt. Wir empfanden die feierliche Stille des Augenblicks, daß wir uns nur stumm ansehen konnten.

Als ich nach Bernau ging, lag ein etwas ängstliches Gefühl auf mir, ob ich in meinem Alter noch einmal die Stätte meiner Jugend besuchen dürfe. Denn der Jugendtraum kann einem da wie ein Gespenst vor die Seele kommen. Man könnte erschrecken und fragen: »Habe ich denn die gleiche Seele noch wie damals?« Dies beängstigende Gefühl verschwand aber, und ich fühlte bald wieder den Zusammenhang mit meiner Jugend. Es waren Ewigkeitseindrücke, die mich umschwebten. Die blaue Unendlichkeit im Sonnenlicht, in Raumklarheit verscheuchte alle Nachtgespenster, und meine Seele war wieder unsterblich.

Schön sind die braunen Holzhäuser, deren Schindeldächer wie Silberschimmer aus dem Wiesengrün leuchten. Dies Jahr waren besonders schön die großen Vogelbeerbäume an den Straßen hin und um die Häuser herum, so üppig habe ich die Scharlachbeeren noch nie gesehen. Dieser Zusammenklang von Scharlachrot, Blattgrün und tiefblauem Kristallhimmel war von märchenhafter Pracht. Ein wenig gefreut hat es mich auch, daß ich einige der Vogelbeerbäume erkannte, die ich meinem Vater vor etwa 55 Jahren bei einem unsrer Äcker habe einpflanzen helfen. Sind die aber groß geworden!

Agathe und ich machten nun öfter kleine Reisen. So kamen wir auch einmal nach Wildungen, Kassel, wo wir die beiden Schwestern Käthe und Lullu Blaue besuchten. Dann mit Frau Schumm zusammen in Düsseldorf, wo eine große Kunstausstellung war usw.

1903 waren wir mit der Familie Sattler in Schönenberg bei Schönau ein paar Wochen zusammen, sahen vom Belchen aus eine ungewöhnlich schöne Alpenaussicht. Ein uns unbekannter Wanderer, der uns auf dem Berge begegnete, war ganz hingerissen und rief aus: »Das zu sehen ist eine Gnade von Gott. So wie heute sieht man die Alpen vielleicht in dreißig Jahren nur einmal«. So hatte ich sie noch nie gesehen in solcher Klarheit und deutlicher Plastik, so oft ich sie auch schon von Kindheit angesehen hatte. Alb. Lang und Süs kamen auch; auch die Familie Küchler besuchte uns dort.

Im Sommer 1905 wohnten wir mit Blaues in dem Schlößchen, welches zum Kloster Frauenalb gehört. Das Albtal wurde uns vertraut, und das Jahr darauf kaufte ich das kleine Waldhäuschen in Marxzell, wo wir dann bis jetzt fast jeden Sommer ein paar Wochen zubrachten, um auszuruhen, d.h. ich habe gerade hier immer so ganz für mich gearbeitet, und bei dem beschränkten Raum konnte ich nicht viel anderes machen als radieren – aber es entstanden auch ein paar große Bilder von unserm Garten aus gesehen.

Eine längere Schweizerreise mit Blaues machten wir auch wieder in diesen Jahren; über Luzern, Vierwaldstätter See, Rigi, Pilatus, von wo ich ein Bild malte, zu welchem mir der Pilatus in seinem Nebelmantel etwa 10 Minuten Zeit für eine Zeichnung von ihm gewährte. Dann fuhren wir über den Brünig nach Interlaken und Wangen. Das großartige Lauterbrunnertal erregte mich sehr. Fast scherzhaft sagte ich zu Agathe in dem Orte Wangen: »Jetzt wünsche ich nur, daß unser Freund Professor Gerland aus Straßburg hier wäre, vielleicht könnte ich von ihm, dem Geologen, erklärt bekommen, wie die Welt gemacht worden ist«. Kaum hatte ich dies ausgesprochen, so kam aus einem der Häuser eine Dame auf uns zu, und wahrhaftig, es war Fräulein Gerland, die Tochter des Geologen. Wir waren gegenseitig freudig überrascht, und sie sagte, daß sie seit gestern mit ihrem Vater hier wohne. Der kam nun auch gleich dazu. Wir machten nun in den nächsten Tagen sehr anregende Spaziergänge in dieser großartigen Welt. Es war gar schön, mit einem so lieben Menschen, der ein so großer Gelehrter ist, in gemeinsamer Ergriffenheit vor den Weltwundern zu stehen. Freilich wie die Erde gebaut worden sei, weiß ich immer noch nicht, so sehr ich auch ein Frager war. Aber ich habe es schon öfters im Leben erfahren, gemeinsames Schauen, gemeinsames Empfinden verbindet die Seelen zu dem, was wir im höchsten Sinne Freundschaft nennen, mehr als alle Erörterungen jemals tun können, ja wo wir das Gefühl dieser Seelengemeinschaft haben, scheut man sich, sie durch Wortbegriffe zu stören. Merkwürdigerweise weiß man auch gegenseitig diese Übereinstimmung, ohne daß man es einander sagt. Leider empfindet man es auch sehr stark, vielleicht bis zur Ungerechtigkeit, wenn man mit einer widerborstigen Seele zusammentrifft. Je weniger bei solchem Einklang Begehrlichkeiten irgendwelcher Art mitsprechen, desto reiner kann das Gefühl der Freundschaft sich entwikkeln. Dieses Einigkeitsgefühl ist wohl in der Jugend am häufigsten. Im Mannesalter ist es am stärksten wirksam. Findet es im einsamen Greisenalter noch statt, so kann es den Charakter von etwas Heiligem annehmen, denn es ist durch alle Lebensstufen ein deutlich geistiges Element. Wir suchen ja mit heißem Bemühen nach dieser Seelenübereinstimmung, ja wir reißen uns gar oft gegenseitig unsre Meinung, unser Denksystem herunter, um uns seelisch näherzukommen. Vielleicht könnte man alle Konflikte des Weltgeschehens zurückführen und erklären aus dem Bestreben nach Denkübereinstimmung, nach einer Einheit, unter der sich die Menschheit verstehen kann, unter der sie sich nahestehen kann, unter der sie sich verbinden kann. So könnte man denken, daß der heutige Völkerkrieg wohl zwar kein Konfessionsstreit, wohl aber ein tiefgründig unbewußter Religionsstreit ist, hervorgegangen aus dem allzu heftigen Willen nach Verständigung, hervorgegangen aus den geheimen Tiefen der Menschheit, die der Mensch selten erkennt.

Im Sommer 1906 waren wir noch ein paar Wochen in Neustadt, besuchten das Donautal, waren in Beuron. Im Buche: »Im Herbste des Lebens« steht ein Aufsatz über diese Sommerfrische. Je näher ich in diesem Lebenslaufschreiben der Jetztzeit komme, desto mehr muß ich Betrachtungen allgemeiner Art anstellen. Dieselben gehören aber auch dazu, um mein Lebensbild zu vervollständigen. Ich füge sie dort ein, wo ich keinen rechten Abstand von zu nahe liegenden Geschehnissen habe, wo ich nicht mehr die Übersicht habe, daß ich über sie berichten darf. Denn beim höhern Alter hat man eine gewisse Scheu vor Begebenheiten, man fürchtet aufgescheucht zu werden. Es mag wohl so ziemlich richtig sein, daß man sich in jüngern Jahren, sage ich einmal vor dem siebzigsten Jahre, vor dem Tode fürchtet, aber im hohen Alter bekommt man mehr Angst vor all den Dingen, welche das Leben noch über uns verhängt. Dem Leben gegenüber ist man verzagt. Die Worte aus dem Johannesevangelium fühlt man stark: »In der Welt habt ihr Angst«, und nur noch der beigefügte Ausspruch »Aber seid getrost, ich habe die Welt überwunden« kann die glaubende Seele mit Hoffnung erfüllen.

So mögen hier als Zwischenlage zwischen den Ereignissen folgende Gedanken ihre Stelle finden.

Alles Allzuviel im Guten wie im Bösen kann den aufrechten, wahrhaftigen Menschen aus dem so notwendigen Gleichgewicht bringen. Allzuviel Güte und Barmherzigkeit, allzuviel Wahrhaftigkeit und Gerechtigkeit, allzuviel Demut und Gefügigkeit, allzuviel Treue und Tapferkeit wirken zerstörend, wenn sie maßlos walten. Wir Menschen haben gar enge Schranken, die wir nicht ausschweifend überschreiten dürfen. Das bißchen freier Wille, der uns gegeben ist, macht, daß wir zu messenden Wesen geworden sind, daß wir gezwungen sind, Maß zu halten, wenn wir nicht in dem engen uns gestatteten Raum auf allen Seiten anstoßen wollen. Wir müssen von allen Grenzen die Mitte kennenlernen, damit wir bei Fehlgriffen immer wieder in ihr Halt finden. Die vielgeschmähte »Mittelmäßigkeit« ist vielleicht doch der Menschheit notwendig, sie hält ihren Stand im Gleichgewicht. Kraftäußerungen im Guten und im Bösen führen zu Kampf und Krieg. Und wo Tugenden oder Laster über die Stränge schlagen, entsteht Zwiespalt, Zweifel und Zerstörung.

So treiben wir uns mit unsern Meßinstrumenten herum zwischen Leben und Tod, zwischen Fürchten und Hoffen,

Winter (Radierung, 1915)

zwischen Wahrheit und Lüge, zwischen Freud und Leid, zwischen Wohl und Weh, zwischen Glauben und Zweifeln, zwischen Falschheit und Treue, zwischen Hochmut und Demut, zwischen Mut und Angst, zwischen Trotz und Verzagtheit, zwischen Sattheit und Hunger, zwischen Gesundheit und Krankheit, zwischen Lust und Schmerz, zwischen Liebe und Haß, zwischen Weisheit und Narrheit, zwischen all diesen Gegensätzen, die in der Seele vorhanden sind, damit das Geschöpf Mensch erhalten bleibe, daß sie aufrecht bleibe, die schwankende Gestalt. Mit diesem so reichen Material von Gegensätzen soll das Leben aufgebaut werden, und man sollte denken, daß ein weise messender Meister einen harmonischen Bau aus ihnen herstellen könnte, ein Meister, der über sein Material die Herrschaft hat. Aber das ist eine gar schwere Kunst, sie ist vielleicht gar nicht zu erlernen. Wir mögen immer wieder vor unserm Lebensbilde stehen und mit Katzenjammer sehen, wie so vieles davon verpatzt ist. Es wäre oft zum Verzweifeln, wenn nicht der göttliche Leichtsinn über uns käme, den wir Vertrauen nennen, mit dem wir sagen: »Lieber Gott ich kann nicht weiter, zimmre du mich so zurecht, wie du mich haben willst, ich weiß es ja doch nicht, dein Wille geschehe!«

21

Nach einer Schweizerreise, die ich mit Agathe im Jahre 1909 gemacht habe, ist folgender Bericht entstanden, den ich hier einfüge, obgleich derselbe mit wenigen Abweichungen einmal in den Süddeutschen Monatsheften erschienen ist: Von Sternen und Kindern.

Es gibt wohl kaum ein größeres Vergnügen für einen Schriftsteller, als so vor einem weißen Bogen Papier zu sitzen und im voraus zu vermuten, zu ahnen, was da alles auf diesem Papierbogen an geistigem Gehalt vertintet wird. Die Feder ist gespannt, im Kopfe wirbelt und brodelt es, und nun kann es losschießen, das übrige wird sich finden. Es wird aus Kopf und Feder fließen, nur nicht ängstlich. Ein ähnliches Vergnügen kennt wohl nur noch der Maler, wenn er vor einer reinen Tafel sitzt und sich im Geiste vorstellt, wie sie wohl aussehen wird, wenn er sie mit seinen Flecken (ein verstärkter Ausdruck für Flächen) bedeckt haben wird. Auch er fange unbedenklich an, er ist doch ein Individuum, und da müssen die Flecken seinem Wesen nach sich gestalten, also mindestens Originalflecken werden. Fast kann er die Ungeduld seiner Palette, seiner Pinsel nicht beschwichtigen, nach jedem Schmiß, den er der reinen Tafel beigebracht, tritt er zurück und sieht, ob er gelungen ist, und mißt, wohin der andre Schmiß zu tun ist.

Dies Vorstellen und Vorahnen, wie das Ding werden wird und wie es auch auf den Urheber wirken wird, ist überhaupt eine der schönsten Seiten an jeglichem Kunstbetrieb, und gar manche Kraft würde an der Langeweile des Betriebes erlahmen, wenn nicht bei jedem neuen Papierbogen, bei jeder neuen Tafel sich wieder diese unbestimmte schöne Vorahnung einstellen würde von dem, was herauskommt. So sitze auch ich wieder vor diesem neuen Bogen, und ich kann es dem Leser sagen ganz voraussetzungslos, ganz vorurteilslos, ganz wie ein nur mit der Feder bewaffnetes Medium, das darauf wartet, wie es beeinflußt wird. Ganz willen- und absichtslos, alles von der guten Stunde, von einer günstigen Konstellation der Sterne erwartend. Die Planeten spielen gewiß ihre Rollen im Menschenleben, und es ist nicht einerlei, in welchen Häusern des Himmelszeltes sie sich befinden, wenn dies und jenes im Menschenleben sich zuträgt, für das wir meist nur den plumpen Namen Zufall zur Hand haben. So ist es gewiß nicht einerlei, ob Mars oder Jupiter mit Venus in Opposition oder Konjunktion steht, oder ob an Stelle des Mars der uralte Saturn tritt, wenn irgendwas seinen Ursprung nimmt.

So mögen denn die Wandelsterne über meinem Schreiben walten, sie bewegen und ändern sich fortwährend, und unter ihrem Einfluß steht auch unser Tun.

Da ich bei meinen Schreibübungen nie einen vorgefaßten Plan habe, und wenn ich jemals einen habe, ich ihn nie bis zum Ende festhalten kann, sondern, wie gesagt, abwarten muß, wie es kommt, so möchte ich aus diesem Grunde es aussprechen, daß meine Schriftstellerei gar wohl impressionistisch genannt werden müßte, so daß ich auch diese Weltanschauung, als welche den Impressionismus manche seiner Anhänger erklärt haben, wenn auch nicht in meiner Malerei, so doch in meiner Schreiberei mitmache.

Man wird wohl schon längst gemerkt haben, daß es mir an einer Weltanschauung fehlt, die mit mir durch dick und dünn geht; daher die vielen Widersprüche, in die ich mich verwickle. Wie oft muß ich etwas zurücknehmen, was ich früher gesagt habe. Das passiert einem mit einer festen Weltanschauung behafteten Menschen nicht. Ein solcher zieht gerade Linien durch die bunten Schnörkel des Lebens, durch die wechselnden Gestalten der Geschichte und beweist, daß dieselben in seiner Anschauung zusammentreffen. Er beweist es, indem er solche geraden Linien sowohl vorwärts wie rückwärts ziehen kann, wo es dann immer stimmt.

Wie könnte ich jemals irgend etwas beweisen! Es läßt mir keine Ruhe, nämlich das Schreiben, obgleich ich gesagt habe, ich wolle es gewiß nicht wieder tun. Aber man kennt dies ja; wie oft von Kindheit an waren wir dazu gezwungen zu sagen: »Ich will es gewiß nicht wieder tun«. Und doch oft stellte es sich heraus, daß es getan werden mußte, und wenn am Ende ein Vorwand sich einstellt, so kann es als Pflicht erscheinen, das Gelübde: »Nicht wieder tun« umzustoßen. Es kommt mir fast vor, als ob ich der Öffentlichkeit noch etwas schuldig sein möchte, und da ein anständiger Mensch, bevor er abreist, so viel wie möglich seine Schulden abzahlt, und weil ich gerade ein wenig Sommerruhe genieße, so schreibe ich halt jetzt wieder.

Die Leser haben es wohl schon selber gemerkt, daß es mit dem Kurorte, von dem ich in den Süddeutschen Monatsheften einmal berichtete, wo unsre Unruhe und Hast sich in friedlich ruhig gelassenes Lächeln umwandeln könnte, nur eine Vorspiegelung war, die aus dem wohlgemeinten Wunsch hervorgegangen ist, ein Geflunker ist, welches man mir verzeihen möge, weil es nicht in böser Absicht geschehen ist; zumal sich eine Aktiengesellschaft für den neuen Kurort nicht gegründet hat, also niemand materiellen Schaden erlitten hat. Das Suchen nach Frieden, nach Glück ist ja jedem Menschen angeboren, jeder muß in eigner Weise nach ihm suchen, und dies Suchen nimmt oft recht merkwürdige Formen an, noch merkwürdigere als die, wie ich es ausgesprochen habe. Es versteigt sich oft bis zu einer Heftigkeit, in der es in den größten Unfrieden umschlägt, wo es dann für andre lebensgefährlich wird.

Man meint in menschlicher Kurzsichtigkeit oft, man wolle Gutes stiften, indem man einen in der Menschenseele lebenden Trieb, die Sehnsucht nach Frieden, anspornen will, aber dies kann auch recht ins Gegenteil ausschlagen. Drum ist es besser, die Hände wegzulassen von einem so komplizierten Räderwerk, das man doch nie so ganz übersieht und das wohl eigentlich nur der Uhrmacher regulieren kann, der auch den Lauf der Sterne geregelt hat und in ihrem Bestande erhält.

Inzwischen bin ich 70 Jahre alt geworden und muß die Erde bald verlassen, da kann ich sowieso nicht mehr viel dazu beitragen, daß die Zustände unter dem Menschenvolke friedlicher werden können, und so stelle ich mich gerne auf den Standpunkt: »Eines schickt sich nicht für alle«. »Sehe jeder, wie's der andre treibe, sehe jeder, wo der andre bleibe, und wer steht, daß der andre falle«, so ist das doch schlimmer, wenn es auch etwas teilnehmender klingt.

Für mich selber bleibt nicht viel mehr übrig, als daß ich auf der Ofenbank sitze und wohl noch zusehe, wie's die andern treiben, aber nur zusehe, ja nicht dreinrede. Fast will es mir scheinen, daß, wenn der Körper nicht mehr so weit kommt wie in den jungen Jahren, wenn das kleine Berglein schon ein Hindernis wird, das man sich nicht mehr zu nehmen traut, daß dann, bleibe ich einmal bei der Ofenbank, daß von dieser aus die Phantasie, belebt von der Erinnerung, weiter schweift als in den jungen Jahren, in denen man alles in plumper Wirklichkeit haben möchte. In der Einsamkeit, die das Alter im Gefolge hat, erscheinen nur noch die Bilder der Wirklichkeit, die Ideen, und diese sind leicht beweglich, und man treibt mit ihrer Buntheit ein ganz eigenartig Spiel. Die Phantasie fliegt; sie ist grenzenlos. Und da die Wirklichkeit mit ihren Bedingtheiten auch mit hineinspielt, so wird die ganze Sache traumhaft.

Es ist aber doch Wirklichkeit, daß ich in die Schweiz gereist bin und daß ich dort sogar noch ein wenig Bergsteigen konnte, und mit meinem Alpenstock kam ich in ein Tal, ganz weltabgeschlossen von ungeheuern Felsenwänden, auf denen noch Gemsen wohnen und die Adler horsten, der Gletscherbach fließt ruhig durch den ebenen Talboden, und die Sturzbäche von den wolkenumgebenen Felsenhöhen beruhigen sich in ihm, es ist so menschenleer, und einsam ergriffen von seiner Großartigkeit dachte ich, ob nicht hier eine Kolonie Friedensuchender ihre Stätte finden könnte. Als ich aber vernahm, daß in den wenigen Hütten nur Hirten den Sommer über wohnen können und der Lawinengefahr wegen das Tal im Winter verlassen müssen, so floh dieser Gedanke gleich weg. Aber ich möchte dies Tal jedem empfehlen, der auf ein paar Stunden Einsiedler- und Zarathustragefühle recht lebhaft empfinden möchte; wenn er genug hat, möge er dann heruntersteigen dort, wo der ruhige Gletscherbach den Ausweg durch die Klus gefunden und donnernd hinunterstürzt in ein tiefer gelegenes Tal. Man kann sich im freundlichen Wirtshaus zum Bären gut stärken und den Boden des gewohnten Stoffwechsels wieder betreten. Zum Öschinensee, der unter der Blümlisalp liegt, bin ich auch mit Agathe zu Fuß hinauf. Es war gar keine leichte Aufgabe bei der Hitze, aber es gelang, und dieser schöne Erdenwinkel war an dem stillen blauen Tag zauberhaft. Durch das Fernrohr war ein Rudel Gemsen gut zu sehen, die auf Fels und kleinern Schneeflecken über dem See ihr Wesen trieben. Bei aller Großartigkeit hat das Bild der ganzen Gegend etwas Zartes, Wildes, so daß mir der Name Blümlisalp sehr passend erschien.

Auf einem Gemmiwägelchen, ein zweiräderiger Sesselsitz mit einem Pferd davor, bin ich dann auf den Gemmipaß. 35 Kehren, Baedeker hat sie gezählt, führen den steilen Berg bei Kandersteg hinan. Man braucht fast zwei Stunden, bis man auf der Höhe ist, zuerst durch Wald und üppigen Wuchs schöner Alpenpflanzen, von denen mich besonders der fast geheimnisvolle gelbe Enzian interessiert hat. Diese schöne Blumenkerze blüht auch auf dem Feldberg, sonst nirgends im Schwarzwald, da scheint es ihr noch gerade hoch genug zu sein. Wie kam sie nur von den Alpen hier herüber? Leider wird sie auf dem Feldberg von den Sommergästen arg mitgenommen, da sie so auffallend ist. Man sollte schon in der Schule etwas mehr Gefühl für die lebende Pflanzenwelt zu erwecken suchen; man sollte solche Seltenheiten für unantastbar erklären und das Abreißen und Umhauen für sündhaft, denn der Geist des Gebirges wohnt in ihnen. Mir, dem zu einem gewissen Aberglauben hinneigenden Menschen, kommt diese Blume auf dem Feldberg vor wie ein Gruß, den ihm die Alpen hinübergeschickt haben.

An diesem schönen Tage zogen viele Wanderer zu Fuß und zu Roß den steilen Kehrenpfad hinan. Wenn man die Höhe erreicht hat, liegt schauerlich tief unten das einsame Gasterental, ein seltsamer Grusel beschleicht einen, wenn man hinuntersieht, ein Gefühl des Fliegenmüssens, eine Vorahnung des Schwindels. Es war ein gar klarer wolkenloser Tag; die Schrecken der Felsenabstürze waren von keiner Nebelwolke verhüllt. Weiter geht es dann über die jetzt mit Steinen übersäte Spitalmatte, auf welche der fast tückisch versteckte Altels vor ein paar Jahren in der Nacht seine Gletscher herunterschleuderte, Herde und Hirten begrabend. Dann kommt der düstere erdiggelbe Daubensee in einer Steinwüste, die zu Reue und Leid und Weltabkehr einladet, in der man sich den nach Rom zur Buße wandernden Tannhäuser gar wohl denken kann.

Oben auf der Gemmi ist die großartige Aussicht auf die Walliser Alpen; den Felsenpfad, der ins Bad Leuk, auf dessen Dächer man hinuntersieht, führt, machte ich nicht, da auf ihm selbst Gemmiwägelchen ihr Recht verlieren.

Ein Hauptreiz des Hochgebirges besteht wohl darin, daß da die Erde in so mannigfache Falten gelegt ist und dadurch ihre ganze Größe mehr vorgeführt wird als in flachern Gegenden, so kann der Genußmensch, wir alle sind dies ja, die Augen an gar erhabenen Bildern seiner hier enggefalteten lieben Erde vollsaugen.

»Wildstrubel« ist auch ein guter Name für das mutwillig wirre ineinandergeschobene Felsengebilde, das da oben herrscht. Im Gasthaus ruhten Roß und Wagen, und wir stärkten uns zur Rückfahrt. Bei der Abfahrt durch die 35 Kehren ins Kandertal meinte der Rosselenker, man könne ganz gut sitzen bleiben, jedoch bei einigen der nächsten Kehren müsse er recht vorsichtig auf sein Roß aufpassen, und vielleicht sei es doch da sicherer, zu Fuß hinunter zu gehen. Ein solcher Wink leuchtet sehr ein, besonders auch, weil ein steiler Weg beim Heruntersteigen erst recht zeigt, wie entsetzlich steil er ist.

Die Schweiz ist ein gar schönes Land, und jeder, der es kennt, stimmt in das Lob ein, das ihr seit alten Zeiten gesungen wird. Man möchte fast sagen, die Schöpfung und ihre Engel stimmen hier selber ihr Loblied an. Welche Perle ist der Vierwaldstätter See mit seinem Pilatus, Rigi, Stanserhorn usw. Schillers Geist umschwebt ihn und seine sich ihrer Freiheit bewußten Bewohner. Ein Geist, dessen leibliches Auge ihn nie gesehen hat. Man kann demnach von der Ofenbank aus wohl noch recht vieles wahrnehmen. Feierlich wirkt die glänzende Jungfrau mit ihren ernsten Begleitern, und das Lauterbrunnertal liegt so lauter da, als ob es einem die Entstehungsgeschichte der Erdoberfläche vordemonstrieren wollte. Als Tribüne für wißbegierige Wanderer ist gerade im richtigen Abstand die Schynige Platte errichtet worden, damit man die ganze Herrlichkeit in aller Ruhe überschauen kann. Wie

Zwei Kätzlein (Radierung, 1897)

lieblich sind die Gelände um den Thuner See herum! Was ist nicht alles noch zu loben!

Manche befürchten, daß die Schönheit der Schweiz durch die vielen Hotels und Eisenbahnen ungünstig beeinflußt werden könnte, ich glaube das nicht; es bleibt vor dieser vielgestaltig ausgebreiteten Größe doch alles Menschenwerk wie Ameisengekrabbel, an dessen Fleiß man sich doch auch freuen kann. Wen könnte es auch genieren, daß so ein Bergbahnwurm, z.B. nach Mürren, sich hinaufwindet.

Ein Dichter hat die Schweiz als Brücke Europas besungen. Möge diese Brücke stets friedlichem Verkehr dienen, die Völker im Frieden verbindend. Daß die Schweiz, wenn es nottät, auch eine gute Brückenwache zu stellen wissen wird, daran zweifle ich nicht. Möchte es nie nötig werden!

In der Schweiz fühle ich mich immer recht heimisch, das liegt daran, daß, sobald ich dort bin, ich wieder im alemannischen Dialekt spreche und sogar denke, dessen eigenartige Feinheiten und auch Grobheiten ich gründlich verstehe; dann habe ich von Jugend auf beim Geißhüten und Heidelbeerpflücken auf den Schwarzwaldhöhen mit Sehnsucht nach der Alpenkette hinübergesehen. Jetzt sehe ich den gelben Enzian auf dem Feldberg so an, als ob ihm die Alpen eine anerkennende Dekoration hinübergeschickt hätten, so ist der Feldberg mit seinem goldnen Enzian im Knopfloch in seiner Höhe auch ohne Zahlenangabe sehr gut bezeichnet.

Da ich gerade von Blumen spreche und vom Dialekte, so kann ich nicht unterlassen, von einem gar schöngeformten bescheidenen Blümlein zu sprechen, das ich auf Schweizerboden gefunden habe, auf Muttererde gewachsen, davon ist es so zart geworden aus der Muttersprache gebildet, davon klingt es so lieblich. Ich will aber von meiner bildlichen Sprache abgehen, indem ich sage, daß ich mit diesem Schweizerblümlein ein kleines Bändchen Gedichte meine, betitelt: »Mis Chindli« von Sophie Hämmerli-Marti, im Aargauer Dialekt – und zeigen, wie melodisch dieser Dialekt klingt, wenn die zarte Mutterliebe in der Freude an ihrem Chindli ihn spricht.

Obgleich ich von der Verfasserin keine Erlaubnis dazu
habe, die ich dieser Freibeuterei wegen um gütige Nachsicht
bitte, setze ich ein paar Proben aus diesem Büchlein hierher,
und ich denke, daß mancher Leser und noch mehr manche
Leserin mir dankbar sein wird, daß ich hier freilich am
liebsten vorlesen möchte in der richtigen Aussprache.

Hier einige Proben:

Kauderwelsch

Langi, schöni, liebi Gschichte
Tuet is eusers Chindli brichte,
's goht as wie am Rädli gspunne,
Dussen aber lachet d'Sunne,
Und sie dänkt: »Mi nimmts doch wunder,
Was die ghören a dem Plunder.
's isch nid dütsch und nid französisch,
Oder isch es ächt chinesisch?«
   »Sunne heb dis Lachmul zue,
   Mir verstöhnds, des isch jo gnue.«

Strampeln

Chömed au und lueged gschwind
Eusers tusig wütters Chind,
Wie se si cha rode:
's Lintuch, d'Decki, alles furt
D'Windli, d'Strümpfli und de Gurt,
Alles lit am Bode.

Und jetzt schlot das Lumpechind
Grad as wine Wirbelwind
Dri mit alle Viere,

Lacht und juchset frei darzue:
»So jetz isches aber gnue,
Tue di au scheniere.«

Zur Schule

De Schulsack a Rügge,
En Äpfel i d'Hand,
Es frisch glättets Schaubeli,
En gsunde Verstand –
So reiset mis Chindli
Ganz lustig dervo
Und loht mi eleigge –
Wie wird's em ächt go?

Jetzt nur noch eins, in dem der Dialekt so eigenartig hübsch
klingt, daß man es hören sollte:

Stricken

>   »Inestäche, umeschlo,
>   Durezie und abelo.«

»Inestäche, umeschlo« –
Denket lisme chani scho
Han e große Kugel Wolle
Dörfe go bim Krämer hole
Lisme drus im Titti Strümpf
Nodle hani au scho fünf
Tue no andri schöni Sache
Denn fürs Wienachtschindli mache,
Aber langsam gohts halt no:
»Durezie und abelo.«

Sind das nicht schöne Kinderbildchen?

Daß wir alle die Kinder lieben und daß, wenn der Wirrwarr des Lebens über unsern Köpfen zusammenschlagen will, wir die Sehnsucht in uns fühlen, wieder zu werden wie die Kinder, ist eine alte Geschichte. Rückkehr zum Urstand unseres Seins, den wir in der Kinderseele ahnen, man hat ihn auch oft schon »Rückkehr zur Natur« genannt. Das Bibelwort: »Wenn ihr nicht werdet wie die Kinder« wird bestehen bleiben. Es sagt nicht, wenn ihr nicht seid oder bleibet wie die Kinder; denn das »Werden« ist ja das eigentliche Element des Lebens, das Suchen nach dem Kern der Seele führt uns zu dem Kinde. Das Werden im geistigen Leben ist immer ein Willensakt, und hier gilt es, nicht aus Schwäche, ein Kind zu werden.

Was für eine Sternkonstellation jetzt am Himmel sein wird, daß ich von Kindergeschichten nicht loskommen kann?

Der geneigte Leser möge sie geduldig und mit dem Behagen aufnehmen, wie er doch meistens auch Kinderbilder ansieht, die so oft gemalt werden.

Es gibt ja kein ästhetisches Gesetz und auch kein anderes, welches verbietet, von den Kindern zu erzählen, und dagegen kann auch keine unserer paar Weltanschauungen und so gar keine politische Partei, keine Religionsgesellschaft, keine Konfession Einspruch erheben.

Die Hilflosigkeit, die ein Menschenseelchen hat, das neu auf die Welt gekommen und so fremd auf ihr ist, zieht uns zu ihm hin. Wir müssen ihm ja helfen, denn es geht gar lang, bis es sich in der Realität der Welt zurechtfindet. Es muß gar viele Proben anstellen, um sich nur die allernötigsten Kenntnisse anzueignen, und schließlich muß es doch alles selber finden. Wir freuen uns, wenn das Kind uns fröhlich entgegenlacht, und freuen uns an seinem Gebaren, wenn wir merken, daß es sicherfrech die Welt als eine gegebene Tatsache auffaßt. Freilich sieht uns so ein Kinderauge meistens auch so fragend an wie ein Tierauge, und wenn wir aufrichtig sind, so müssen wir auch beim Kinde sagen, es ist eigentlich ganz wenig, was wir dir sagen können; kannst du uns nichts sagen, du neues

Seelchen, das ja so ganz kurz erst aus der Unendlichkeit zu uns gekommen ist. Weißt du nichts mehr? Aber wir müssen dich nun erziehen – hinauf oder hinunter? zu einem der Menschenwesen, wie wir sie auch sein müssen.

Aber ich will statt solcher Betrachtungen lieber ein lustig Kindergeschichtchen erzählen, wie Lisa mir eine Strafrede über Erziehung gehalten hat von ihrem Kinderstühlchen aus, obgleich sie damals in ihren Reden nicht viel anderes ausdrücken konnte als den Unterschied zwischen Ja und Nein. Ich saß nämlich eines Tages neben ihm und hörte gern seinem Lallen zu, durch das es sich mit seinen Spielsachen unterhielt; da nahm es ein Holzschäfchen und ließ es auf den Boden fallen, ich hob es wieder auf, es wiederholte das Spiel, bis es mir verleidete. Da sagte ich: »Nein Lisa, nicht hinunterwerfen, nein!« Aber schon wieder hatte es ein Schäflein in der Hand, sah mich mit lächelndem Forscherblicke an und ließ es trotz meinem stärker betonten Nein wieder fallen und wieder und wieder. Schließlich wurde ich ungeduldig, ich machte mein ernsthaftestes Gesicht, sah sie scharf an, erhob drohend den Zeigefinger und sagte: »Pst! Lisa, nein, nein, nein, nicht mehr herunterwerfen, pst! nein, nein!« Und ich nahm ihm das Schäflein weg. Das Kind sah mich stumm und traurig an.

Viele Tage später saßen Lisa und ich in ähnlicher Situation am Tisch; es herrschte tiefer Friede zwischen uns, da auf einmal ohne allen äußerlichen Grund fing das Kind an heftig zu weinen und mit dem Köpfchen zu schütteln, sah mich an und stieß heftig hervor: »Nein Mba nein pst nein, nein nein nein pst! Mba nein«. Es wollte mir sagen, daß ich nicht mehr Pst! zu ihm sagen solle. Es wollte sich gar nicht beruhigen lassen, so lebhaft war die Erinnerung an die Drohung, die ich mindestens acht Tage vorher gemacht hatte.

Ich war wirklich beschämt; war es denn recht von mir, daß ich diesem harmlosen Spieltrieb gegenüber alle Waffen des Alters hervorholte, den drohenden Finger hob und das zischende Pst durch die Zähne stieß; ich schämte mich. Wußte ich denn, ob nicht Lisa durch dies Hinunterfallenlassen das

Gesetz der Schwere ergründen wollte oder ob sie nicht in vivisektorischer Art erproben wollte, was so ein Schäflein aushalten könne! Wie viele Proben muß auch schon ein Kind anstellen, bis es nur ein klein wenig über die harten Gesetze des Daseins orientiert ist. Und da schreit gleich ein Mba: »Pst nein nicht tun pst!« Ich werde nie mehr zu einem Kinde Pst! sagen. Es kommt mir jetzt vor wie eine Beschränkung der Freiheit wissenschaftlicher Forschung. Und wenn ein solches Geschöpfchen durch seine Forschungen auch auf den Gedanken kommt: »Es weiß alles«, so schadet es ja doch nichts. Das Kind hatte schon früh einen merkwürdig guten Blick, auf Bildern alles zu erkennen, so daß wir uns höchlich verwundern mußten; besonders sein Papa wurde nicht müde, es zu examinieren und dann erstaunt auszurufen: »Es weiß alles!« An einem Sonntagnachmittag wurde sie in einem Bilderzimmer auch wieder ausgefragt: Lisa, was ist das, das da, hier das? Lisa wußte alles! Endlich verleidete es ihr, sie lief fort ins andere Zimmer zu ihren Spielsachen, und unter der Tür sagte sie selbstbewußt: »Es weiß alles!« damit ihr Weglaufen rechtfertigend.

Früher einmal, im »Herbst des Lebens«, habe ich geschrieben, daß ein ganz kleines Kindlein aus seinem Bettlein in die Unendlichkeit des blauen Himmels hinaufgeschaut hat und ich sein Lallen so etwa wie den Sang eines Seelchens an den unendlichen Raum aufgefaßt habe. Viele werden gedacht haben, das ist so eine Künstlerphantasterei. Es ist der reine Blödsinn, was so ein Wurm lallt und brüllt. Aber ich möchte mich nun doch ein wenig rechtfertigen, daß das, was ich damals gesagt habe, doch nicht nur so in den Tag hinein und nur aus meiner Vermutung heraus gemeint war. So will ich nun erzählen und zwar wortgetreu, denn Lisa war inzwischen zweieinhalb Jahre alt geworden und konnte schon recht viele Worte gebrauchen, wie Lisa die Nacht entdeckt hat und wie sie in ihrem Bettlein im Dunkeln ein Nachtlied gedichtet hat.

Zu der Zeit, da die Sommertage anfangen kürzer zu

werden, war sie länger auf. Das Licht brannte im Zimmer, die Tür, die direkt in den Garten geht, stand offen, da sah sie auf einmal in die Dunkelheit hinaus und sagte verwundert, fast fragend: »Nacht draußen! Isa sehen wie Nacht ist«. Damit watschelte sie zur Türe hinaus, kehrte gleich wieder um: »Draußen Nacht, im Garten Nacht, überall Nacht!« Sie trippelte wieder hinaus bis an das Gittertor des Gartens, zu sehen, ob vor dem Tor im Wald auch Nacht sei, sie kam wieder und verkündete uns: »Draußen überall Nacht, im Wald auch Nacht, was ist auch das? – ganz Nacht!« Sie wollte aber sehen, ob auf der andern Seite des Hauses auch Nacht sei, und ich nahm sie auf den Arm und trug sie durch das dunkle Gebüsch ins Gemüsegärtlein. Da war auch Nacht, aber sie sah den Himmel über sich und die Sterne so hoch droben: »Da Sternlein, dort auch Sternlein, große Sternlein, kleine Sternlein«, sie entdeckte immer mehr, sie war voll Verwunderung und voll Staunens: »Nacht, überall Nacht! Was ist denn das? Viele Sternlein«.

Sie wurde zu Bett gebracht. Sie war ganz still. In der Nacht wachte sie auf und fing an zu sprechen, meine Schwester hörte ihr zu. Lisa fühlte sich aber ganz allein. Zuerst von ihrer Puppe, der Frieda, dann auf einmal:

> »Nacht, überall Nacht –
> Nacht – hier Nacht,
> Draußen auch Nacht,
> Im Garten Nacht,
> Im Wald auch Nacht,
> Überall Nacht,
> Und Sternlein hoch oben am Himmel,
> Große Sternlein, kleine Sternlein.
>   Alle schlafen,
> Der Brunnen schlaft,
> Die Bäume schlafen,
> Der Wald schlaft,
> Die Sternlein schlafen,

Der Mond schlaft,
Alle Leute schlafen,
   Schlaft wohl!
Schlaf wohl, Wald!
Schlaf wohl, Garten!
Schlaf wohl, Nacht! –
Lieber Gott, mach mich fromm,
   Daß ich zu Dir in Himmel komm!«

Ist das nicht, als ob man ein Quellchen rieseln hörte, von dem aus die Poesie ihren Ursprung nimmt? Jenseits von aller Literatur und ihren Vorratsbehältern? Ein Quellchen, aus dem auch die tosenden Sturzbäche und die Stolz hinwandelnden Ströme der Poesie ihren Anfang nehmen. Die Verwunderung und das Staunen sind die lebendigen Quellen der Poesie. Der Verstand freilich ist immer dahinter her, sich die Verwunderung abzugewöhnen. Es ist wohl seine Aufgabe, und ich will sie ihm nicht absprechen. Was ist ihm die Nacht! Da ist doch nichts zu verwundern. Das kommt, weil die Sonne auf der andern Seite der Erde steht. Von diesem Standpunkt aus wird freilich keiner ein Nachtlied singen oder ein Nachtlied verstehen.

Der Mond ist für alle Kinder, so auch für Isa, eine überaus wichtige Erscheinung. Die Sonne nehmen sie als eine gegebene Sache, die sie nichts weiter angeht. Dem Vollmond warf es Kußhändchen zu, und wenn er hinter eine Wolke ging, so machte er Guckguck. Später sah sie erschrocken den Halbmond und war sehr überrascht und sagte: »Mond kaputt, Axtmann wieder machen.« – Zu Axtmann hat sie das größte Vertrauen, denn er fährt den Sand auf die Gartenwege, er bepflanzt den Garten mit Erdbeeren und Obst, er holt die Kirschen vom hohen Baume, er kann machen, daß der Brunnen wieder läuft, was kaputt ist in Haus und Garten, Axtmann kann es wieder machen.

Das ist auch so schön, daß ein Kind die Axtmänner so in ihrem Werte anerkennt – es beruht doch so vieles vom

Bestand der menschlichen Gesellschaft auf diesen Werkmännern und ihrem anspruchslosen Tun, und wir dürfen die Kindermeinung über sie schon annehmen – und sie höher bewerten, und wenn wir bemerken, daß es ihrer gar viele gibt, so wollen wir uns darüber freuen.

Möchte man die so fleißigen treuen Axtmänner, die Werkmänner, die so still genügsam ihre Pflicht tun, ja recht hoch schätzen, sie müssen gar manches wieder gutmachen, was menschliche Kurzsichtigkeit, manchmal auch Hochmut kaputt gemacht hat; dies stetige Menschenmaterial. Und wenn ein Kind glaubt, daß Axtmann den Mond wieder ganz machen kann, allzusehr wollen wir nicht darüber lachen. Wer weiß? Wir wissen doch noch gar nicht arg viel vom Zusammenhang der Menschenseele mit dem Sternenlauf. Jedenfalls der Sternenlauf beruht auf der größten Stetigkeit, und so könnte man gar leicht annehmen, daß Werkmänner, Axtmänner in ihrer stetig ruhigen Art auch den regelmäßigen Gang der Monderneuerung aufrechterhalten müssen. Ausgesprochene Herrennaturen, Übermenschen, möchten gar leicht auch den Mond aus seiner regelmäßigen Bahn verrenken wollen. Aber die Axtmänner mit ihrer Schwere setzen Derartigem ein unüberwindliches Nein entgegen.

Es ist wohl ein Fehler des Alters, daß man das Stetige mehr anerkennt, das still-beharrlich Schaffende, und das Sprunghafte nicht mehr so recht mag.

»Treuer Knecht« kann unter Umständen ein höherer menschlicher Ruhmestitel sein, als Herrennatur sich zu heißen; ein richtiger Herr muß aber auch dienen können, wenn er ganz auf seiner Höhe stehen will. Der Mensch steht jenseits der Gegensätze von Herr und Knecht. Es ist eine große Sache um einen treuen Knecht, freilich braucht aber der Knecht deshalb nicht hochmütig zu werden. Gar gerne spreche ich den einfachen, ruhig gefaßten Menschen das Wort – und ich möchte sagen: »O störet sie nicht! Laßt sie ruhig sein!« Unter all den Unkräutern, die der böse Feind nächtlich auf das Ackerfeld streut, ist wohl die Unzufriedenheit das zerstörendste, es ist ein giftig Kraut und nicht einmal schön, wie manch ander Kraut, das mit seinen Blumen doch noch den Acker schmücken kann, wenn es auch unnötig scheint. Ein Mensch kann ja wohl nie ruhig sein, solange sein Herz das Ticktack schlägt zu dem Marsche, mit dem er der Ewigkeit entgegengeht. Ertönt aber nicht aus dem einförmigen Marschtakte des Herzens manchmal eine liebliche Melodie, eine himmlische Weise, die wie ein Hauch aus der Heimat unsre Seele füllt, aus der wir die Ruhe, die wir ersehnen, herausahnen, so daß unsre müden Schritte leichter werden?

Wir wollen dankbar diesen Melodien lauschen und sie nicht überhören, nicht übertönen lassen von dem Tripptrapp unseres Ganges. Daß nun das, was ich hier ausgekramt, hauptsächlich von Sternen und Kindern handelt, daran ist sicher auch ein Stern schuld, nämlich der herannahende Weihnachtsstern.

22

Im Winter des Lebens, wo der kalte Nebel in eins verhüllt, was fern und nah, wo der Schnee der Vergessenheit still herunterfällt und mich bedecken will, mache ich diese Aufzeichnungen von meinem Lebenslauf, mit dem ich nun bald am Schlusse bin. Ich sitze in meinem Waldhäuschen Marxzell, wo wir gerade noch, es ist Ende August 1918, von ferne die Fliegerabwehrkanonen von Karlsruhe her hören. Bei meinem recht langen Lauf durchs Leben habe ich so viel Elend und Menschenjammer erlebt, daß es nicht erst dieses mörderischen Krieges bedurft hätte, um zu wissen, daß unser Dasein Leiden ist, nicht der Mühe wert, es abzuspinnen. Der Krieg ist ein schlagendes Beispiel dafür, wie wenig Wert die Menschenknochen haben. Im fünften Jahre schon erzählen die Tagesberichte der Völker sich gegenseitig, wieviel Menschenkörper durch ihre Mordmaschinen vernichtet worden sind, sie rühmen sich, wieviel Herzeleid sie sich angetan haben. Sie freuen sich daran, wenn sie es summieren, und triumphieren, wenn dabei Millionen herauskommen. Die Geringschätzung des Körpers ist geradezu großartig geworden, es ist, als ob sie dadurch die Meinung und Behauptung derjenigen, welche die Macht der Seele verkündigen, beglaubigen wollten. Was liegt denn daran, wenn die Menschheit Hunderttausende von Menschenkörpern hinschlachtet. Man möchte sagen, sie sündiget in dem Vertrauen auf die ewig schaffende Seele. Die Menschheit steht freilich mit Grausen vor ihrem eignen entsetzlichen Tun, dem keine Verstandestätigkeit Einhalt gebieten kann. Ebenso wie gegen den persönlichen Tod sind wir gegen den Massenmord, den die Völker selbst an sich zu vollziehen für nötig halten, machtlos. So können wir diese Zerstörungswut auch als tatsächliche Anerkennung der Geringwertigkeit des vergänglichen Daseins, von der Gleichgültigkeit, welche die Seele für die verlassenen Knochen hat, ansehen, damit wir nicht verzweifeln. Das schreckliche Wort: »Was liegt denn daran« kann sich uns wie ein Trostwort auf die Lippen drängen, man beruhigt sich mit den Worten des Psalmes Moses: »Der du die Menschen lässest sterben, und sprichst: kommt wieder, Menschenkinder«.

Vor dem Throne Gottes und seiner Herrlichkeit, welche die Welt erfüllt, und vor der still waltenden Macht der Menschenseele, welche wir an Jesus dem Auferstandenen, dem ewig Gegenwärtigen erkennen und gläubig erfassen, ist alles Menschentreiben, wenn es auch so gewaltig wie dieser Krieg erscheint, doch nur ein sich abhaspelndes Spielwerk, vorübergehend, versinkend in die unergründliche Ewigkeit, vielleicht noch von der Zukunft einige Zeit im Gedächtnis aufbewahrt, in den Gerümpelkammern der Historie, diesem Herbarium des blühenden Lebens. Das Uhrwerk Gottes, dessen Regelmäßigkeit wir erkennen, geht seinen ruhigen, großen Gang weiter, wie wir annehmen müssen, in zeitloser Wiederkehr.

»Vater vergib ihnen, sie wissen nicht, was sie tun!« Dies vom Kreuz gesprochene Wort wird am Gerichtstage der Seelen für viele eine Entschuldigung sein wollen: »Herr, vergib uns, wir haben nicht gewußt, was wir getan haben«. Wir armen Menschen! Wie selten wissen wir, was wir tun! Eigentlich wissen wir es nie, von unbekannter Macht getrieben tappen wir wie Blinde am Faden des Schicksals, wir wissen nicht, wohin wir gestoßen werden, wie viele Blumen des Lebens unser tappiger Fuß zertritt, welche Folgen aus unserm Tun entspringen. Auch das großartige Tappen, mit dem Völker sich vernichten wollen, ist doch nichtig und wird wie alle Narrenschiffe der Zeit zerschellen an dem Fels der Seele, den wir Christus nennen gelernt haben, der zeitlos und raumlos die ganze Welt in sich schließt.

Erkenne dich selbst! Dies könnte so eine Art von Schlagwort sein, von dem man die Berechtigung ableiten könnte, seinen Lebenslauf zu schreiben! Aber je mehr man zu diesem Selbsterkennen, diesem Eindringen in das verschlossene Geheimnis seines Selbst kommt, desto unheimlicher kann es einem dabei werden. Je mehr man, um ganz aufrichtig zu sein, aus dem Obenhinkommen in die Tiefe forschen will, desto lieber möchte man den Schleier, den man aufheben zu müssen glaubte, wieder zuziehen. In den Tiefen, wo Gut und Böse sich bilden, wo die Tugenden neben den Lastern Wand an Wand hausen, ist es unheimlich finster, und wer jenseits von diesen sehen will, kann der Verwirrung verfallen, im Irrwahn aus Angst vor sich selber. Man sieht nun, wie gut, ja wie notwendig es ist, daß die gute Mutter Erde unsre Unruhe einstens deckt, daß sie in milder Art alle Lebensläufe in ihren Schoß der Vergessenheit, der Versöhnung aufnimmt, in den ewigen Kreislauf der Wiederkehr, aus dem immer wieder Erneuerung hervorgeht.

Ein Lebenslaufschreiber kann und darf nicht zu den verschlossenen Tiefen seines Selbst gehen, noch weniger ist er berechtigt, über andre, die mit ihm des Weges gewandert sind, in Freundschaft und Liebe oder auch in Gleichgültigkeit und feindlicher Gesinnung tiefer suchende Urteile und Aussagen zu machen. Er kann andre doch kaum soweit kennen, als er sich selbst kennengelernt hat. Je weiter man aber in der Selbsterkenntnis vorschreitet, desto unsicherer, aber auch desto milder wird man in seiner Meinung über andre. Ja, wenn auf einer Wegstrecke auch der leibhaftige Teufel einmal mitgewandert sein sollte und man sich mit ihm ganz gut unterhalten hat, so sollte man höchstens von ihm sagen, daß einem sein Geruch widerlich war. Das mag aber wohl gegenseitig gewesen sein.

> Wohl und Weh, zwei inhaltreiche Worte,
> Weihen an des Lebens Pforte
> Die Seele, leiten die zur Welt gekommen
> Wachsam auf den Berg, den sie genommen.
> Treue Wächter, die nie von ihr weichen,
> Geben sie zum Wechseln sich die Zeichen.
> Es wandern mit ihr bis zum Ruheorte
> Wohl und Weh, der Seele Schicksalsworte.

Wir Menschen gehen durch das Leben mit gar viel Leiden und Schwächen; wir glauben aber an keine Weiterentwicklung, an die Möglichkeit einer Läuterung zu einem höhern Dasein hinauf. Wie der »reine Tor« durch Mitleid wissend, geht unser geistiges Streben zu einem Gral der brüderlichen Liebe, zu einem Übermenschentum, welches sich auf Selbstverleugnung gründet. Wir erkennen unsre Schwachheit und Sündennot, in die wir verstrickt sind, wir wollen hinauf zu einem Standpunkt der Versöhnung, zum großen Willen allgemeiner Sündenvergebung, wie sie sich im Gebete des Herrn ausdrückt: »Und vergib uns unsre Schuld, wie auch wir vergeben unsern Schuldigern«. Dies könnte die Inschrift sein an dem Gralstempel eines neuen Übermenschentums, zu einem Zustand, wo nicht mehr abgerechnet wird, sondern vergeben, wo die Gerechtigkeit ihre Rechte an die Barmherzigkeit abtritt, wo der Mensch so hoch von sich und seiner Herkunft denkt, daß er mit fromm freudiger Demut durch das Erdenleben gehen kann, so hoch von sich denkt, daß er sich nichts vergibt, wenn er auch die andre Backe zum Schlage hinhält, wo der Spruch vom Splitter und Balken im Auge in seiner ganzen Tiefe verstanden wird und das milde Mahnwort zur Geltung kommt: »Wer von euch ohne Sünde ist, werfe den ersten Stein!« Wo wir uns nicht mehr vor dem Schicksal krümmen, sondern betend unsre Knie beugen vor der Barmherzigkeit, die als Gottes Engel durch die Menschheit schreitet.

23

Die Bernauer Altarbilder waren fertig, und um Johanni 1912 sollten sie eingeweiht werden. So ging ich mit Agathe, der Familie Blaue mit ihren zwei Kindern und mit Frau Elisa Küchler und ihrer Tochter Sophie nach Bernau. Von Freiburg fuhren wir in drei Autos, es war ein besonders schöner milder Junitag. Traumartig schön war dies rasche Durchfliegen der mir so lieben wohlbekannten Gegend, die ich so oft in frühern Jahren in acht- bis zehnstündiger Fußtour durchwandert bin. Jetzt brauchen wir zweieinhalb Stunden dazu. Wir fuhren am »Schauinsland« hinauf, machten kurzen Halt am Haldenwirtshaus, fuhren dann über Muggenbrunn, Präg und das schöne Präger Loch hinauf nach Bernau, in das altgewohnte Quartier in die »Gerbe«, in Bauers gastliches Haus. Treue Freunde, teils mit ihren Frauen, aus Karlsruhe fanden sich ein zum Mitfeiern, am andern Tag kamen auch der Präsident der Generalintendanz von Nicolai mit seiner Frau, es kam Frau Professor Anna Meyer aus Straßburg, Dr. Beringer und Frau kamen. Am Vorabend der Johannisfeier zeigte sich aber Bernau in der Pracht einer Beleuchtung, die fast unerhört zu nennen ist. Der ganze Osthimmel flammte in glühendem Rot und warf sein Licht über das blumige grüne Wiesental. Wir alle waren tief ergriffen von solcher Pracht, von der Feierlichkeit, in der sich Bernau zeigte, und folgten den Verwandlungen durch die Abendglut hindurch in die sanften Schauer des Dämmerlichtes – bis in die geheimnisvolle Hochsommernacht hinein. Der anbrechende Sonntagmorgen mit seinem Silbernebellicht war auch gar schön. Johannes der Täufer ist der Bernauer Kirchpatron. Die Kirchenglocken läuteten, Böllerschüsse krachten, eine kirchliche Prozession zog feierlich durch die blumigen Wiesen, die Mädchen mit Trollus, dem großen Hahnenfuß, bekränzt und mit Margaretenblumen. Nach der Gottesdienstfeier kam der Zug von der Kirche her an der Schwendele-Mühle vorbei nach dem Oberlehn, die Musik voraus. Dort bei meinem Geburtshaus stand mein Denkmal, ein tüchtiger Granitblock mit einem Bronzereliefbild von Bildhauer Sauer. Der Platz vor den Häusern war mit festlich gestimmten Menschenscharen, mit Musik und Fahnen und Gesang erfüllt. Der Bürgermeister Maier begrüßte mich mit einer Ansprache. Dr. Beringer hielt die Festrede. Wie seltsam war dies alles! Ich will nicht versuchen zu beschreiben, was in dieser Stunde von Freude und Wehmut durch meine Seele ging, ich hatte das Gefühl, als ob ich niederknien müßte und wortlos die Bernauer Sonne anstarren möchte. So ein starkes innerliches Gefühl vermag sich eigentlich doch nur in einem körperlichen Bewegungsakte auszudrücken, das war gewiß auch ursprüngliche Menschenart als Ausdruck der Ehrfurcht vor dem Wunder des Daseins, die mehr und mehr abgeschafft wird.

Man muß seine Fassung behalten! Man darf nicht außer sich kommen. Nun kann ich so gut wie andre Menschen dies auch, denn ich denke auch, es geht andre nichts an, was inwendig in der Seele vor sich geht. So war ich standhaft, denn ich hatte für den Tag Pflichten des Wirtes zu erfüllen. Ich hatte mit meiner Schwester die Freunde von nah und fern und unsre Verwandten zum Mittagessen im Schwanen eingeladen. Die ganze große Wirtsstube war angefüllt, vor dem Hause herum, auf der Kegelbahn waren Tische und Bänke gezimmert für die Musik und die Gesangvereine und, was mich besonders freute, für die Schulkinder. Denn ich weiß noch gar gut, was in solchem Alter eine Knackwurst zu bedeuten hat. Der Schwanenwirt hatte alles vorzüglich und zur allgemeinen Zufriedenheit angerichtet.

Hans Thoma (Photographie, um 1919)

Am Nachmittag war die festliche Einweihung der Kirchen-
bilder. Pfarrer Lamy aus St. Blasien hielt die Predigt, in der er
sehr schön auf volkstümliche Art die religiöse Symbolik der
Bilder erklärte. Maria im Morgenschein breitet den Mantel
zum Schutze aus über das Bernauer Tal. Der Waldvöglein
Chor begrüßt sie. Dann Johannes, der auf den herankommenden Heiland, das Opferlamm Gottes, zeigt. Die Kirche war voll
gefüllt, und man fühlte, daß eine gehobene feierliche Stimmung wie ein unsichtbarer Hauch über alle sich breitete, der
so gut geschulte Gesang des Kirchenchores tat sein übriges,
man spürte, daß er von großem musikalischen Verständnis
geleitet sei, vom Lehrer Waßmer in Innertal. Ergreifend klang
zum Schluß das Lied, das alle mitsangen: »Großer Gott, dich
loben wir«. Es wurde so ausdrucksvoll gesungen, wie man es
nicht so leicht hört, was auch meine zugereisten Freunde
empfanden. Ich freute mich herzlich, daß meine Bernauer so
kräftig schön singen können, so daß es mir war, als ob ich
deutlich den Dank für meine Bilder daraus hören könnte. Der
Abend im Gasthaus zum Rößle war der Fröhlichkeit geweiht.
Pfarrer Joos von Bernau hielt eine Ansprache voll Humor.
Auch Lehrer Braun vom Außertal hielt eine Rede. Vor dem
Wirtshaus waren Tische und Bänke aufgeschlagen, wo noch
eine kleinere Gesellschaft in die Dämmerung hinein zusam-
mensaß. Gewitterdrohende Wolken standen über dem Lehn-
köpfle, doch blieb es ruhig, und wir kehrten in der zauberisch
durchleuchteten Sommernacht nach dem etwa eine halbe
Stunde entfernten Oberlehn zurück. Wir blieben dann noch
ein paar Tage in Bernau, waren dann noch kurze Zeit in St.
Blasien, wo wir die Kirche in ihrer Neuherstellung ansahen.
Es ist keine Kleinigkeit, bei lebendigem Leibe die Ehrungen
einer Gemeinschaft ertragen zu müssen. Man kann dabei
etwas vom Gefühl einer öffentlichen Hinrichtung haben, man
sehnt sich in seine verborgne Höhle des Nichtbeachtetseins
zurück. Jedoch da läßt sich nichts machen, man muß es über
sich ergehen lassen.

Nach dem Bericht über das Bernauer Fest ist hier wohl die

bequemste Stelle, der vielen Ehrungen zu gedenken, die mir in diesen Jahren zuteil geworden sind; ich muß doch aufrichtig berichten, auf die Gefahr hin, daß manche sagen können, ich lege zu viel Wert auf äußerliche Ehrenzeichen. Es gehört deshalb auch zu meinem Lebenslauf. Es wurden mir folgende Orden verliehen: Das Großkreuz vom Zähringer Löwen, das Großkreuz vom hessischen Philippsorden, die große badische goldne Medaille für Kunst am Bande des Bertholdsordens, das Großkreuz des schwedischen Nordsternordens, der bayerische Maximiliansorden für Kunst, und 1917 erhielt ich den Pour le mérite. Ich werde mich nun wohl hüten, ein Geschmus zu machen, als ob ich mir eigentlich nichts aus Orden und dergleichen mache. Im ganzen war ich immer, soviel es von mir abhing, ein Mann der Ordnung; so fand ich es auch in Ordnung, daß man mir Orden gibt; ja ich freue mich auch darüber, daß ich mich Exzellenz nennen lassen durfte. Warum sollte mein irdisch Haus nicht Dekorationen haben, die man ihm ja nur bis zum Grabe nachträgt.

Hier läßt sich auch das Wohlbehagen anfügen, welches mir die hochsteigenden Preise meiner Bilder bereiteten; ich habe nämlich beim Durchforschen alter Notizbücher aus den 60er und 70er Jahren gesehen, wie lächerlich klein die Preise waren, die ich erhielt. Ich will keine Beispiele anführen, die Kunsthändler wissen das schon lange. Die äußerlichen, allzu menschlichen Angelegenheiten spielen halt im Lebenslauf auch ihre Rolle. Aber Ruhm, Ehrungen, Ordensauszeichnungen, Titel, Geld berühren das eigentliche Wesen eines Künstlers nicht, dem auch das Gegenteil von all diesem, Schmähung, Armut usw., nichts anhaben konnte.

Einst hatten mich die armseligen Preise, die ich erhielt, dazu genötigt, recht fleißig zu arbeiten, und jetzt nötigten mich die regen Nachfragen nach meinen Bildern mit den reichlichen Preisen zu erhöhter Tätigkeit. Auch erfreute ich mich im Alter einer durch lange Erfahrung erlangten Sicherheit in der Technik, die mir das Arbeiten leicht machte.

Sehr betrübt hat mich der Tod Schönlebers, der mir in der

Karlsruher Zeit ein lieber Freund geworden war. Und nicht lange nachher der so plötzlich erfolgte Tod Trübners, mit dem ich in München schon und dann in Frankfurt und zuletzt in Karlsruhe in dauernd freundschaftlichem Verkehr gestanden.

24

»Mitten im Leben sind wir vom Tod umfangen.« Er lauert in allen Ecken auf uns, und wenn er hervorbricht und wir ihm mit knapper Not entgehen, so wird man beglückwünscht. Man hat wieder einmal Glück gehabt, und so sieht man, daß das Glück doch gar nicht so selten ist auf Erden. Es wird schon als ein Glück betrachtet, daß man überhaupt lebt. Wenn aber der Tod jemand plötzlich, ohne daß er es so recht merkt, wegrafft, so tröstet man und sagt: er hatte einen schönen Tod. Von der Geburt an ziehen wir Stunde um Stunde dem Unabwendbaren entgegen. Da möchte es gut sein, wenn man versuchte, sich ein wenig mit dem Unerbittlichen anzufreunden, und daraus sind bei unsern Altvordern die mit grimmen Humor ausgestalteten Totentänze entstanden. Es gibt Extratouren, wo der Tod ein Tänzlein mit uns wagen will. Es wird einem freilich etwas schwindlig, wenn die Tour zu Ende ist und der grimme Tänzer uns losläßt, uns noch einmal das Leben geschenkt hat, aber wir merken, daß es noch nicht der »Kehraus« war.

Der 26. Juli 1913 hätte für mich und meine Schwester der Todestag sein können. Es war wie ein Wunder, daß wir am Leben blieben. Es war nachts etwa 11 Uhr, als ich von meinem Schreibtisch aufstand, um meiner Schwester in dem kleinen Zimmer, in dem sie sich aufhielt, in dem wir öfters vor dem Schlafengehen noch eine Tasse Tee tranken, gute Nacht zu sagen. Als ich das Licht im davorliegenden Zimmer ausdrehte, rief sie erregt:»Mach das Licht nicht aus«, ich war schon auf ihrer Türschwelle, als sie mir abwehrend entgegentrat und sagte:»Da rieselt Staub herunter, und ich habe die Sachen von der Kommode weggeräumt.« Ich wollte hinein, um den kleinen Riß in der Decke näher anzusehen. Agathe hielt mich zurück, und in dem Augenblick polterte der vierte Teil der Zimmerdecke, eine viele Zentner schwere Masse, vor unsern Füßen herunter, uns in eine Staubwolke einhüllend. Ein Schritt weiter, und wir wären unfehlbar erschlagen worden. Der Zufall von einer Sekunde Zeit und von einem Schritte Raum hat uns gerettet. Wäre ich nicht im richtigen Moment aus meinem Schreibzimmer gekommen, so wäre Agathe, die noch wegräumen wollte, erschlagen worden, ein Tischchen und ein Lehnstuhl waren zusammengeknickt und ragten aus dem Schutthaufen hervor. Der Schlag wurde im ganzen Haus gehört, und die Mädchen und der Diener eilten herbei und standen mit Schreck vor der Verwüstung.

Es war eine der alten schweren Decken, die mit Lehmstrohwickel zwischen den Balken eingefügt war. Die Balken waren morsch geworden, und so rutschten die haltlos gewordenen Massen hinunter. Nun war ein schwarzes Loch in der Zimmerdecke, und es war mir, als hätte der Tod schon lange auf den richtigen Moment gelauert, wo er uns erschlagen konnte. Ich meinte den Grinsenden leibhaftig zu sehen, und wenn die Sache nicht gar zu grausig gewesen wäre, so hätte ich ihn auslachen mögen, daß er um einen Augenblick zu früh losgeschossen hat – oder zu spät. –

Die Folgen waren aber für uns recht schwer, es war eine ängstliche Nachtwache, es knisterte noch in der Decke. Als am Morgen das Bauamt die Sache untersuchte, riet man uns, die Wohnung sogleich zu verlassen, da sämtliche Decken keine Sicherheit vor dem Herunterstürzen mehr böten und daß die ganze Wohnung vollständig neu hergerichtet werden müsse, daß sie also ganz ausgeräumt werden müsse. Die Herstellung brauche 3-4 Monate Zeit. Wir quartierten uns nun im Roten Haus ein und besorgten von dort aus die Umräumung in den Keller. Ein guter Zufall brachte uns in den ersten Tagen nach dem Zusammenbruch zwei tatkräftige Helferinnen, zwei Freundinnen, die ahnungslos von Straßburg gekommen waren, uns zu besuchen. Als sie den Greuel sahen, telegraphierten sie gleich um Arbeitskleider, und umsichtig praktisch haben Frau Professor Anna Meyer und Frau Helene Böhlau al Raschid Hand angelegt und den Umzug in den Keller bewerkstelligen helfen. In ein paar Tagen war die große Wohnung geleert. Der Hausmeister der Galerie und der Diener haben sich auch trefflich bewährt. Agathe und ich waren nun obdachlos. Die erste Zeit während dem Räumen und auch nachher, wo so vieles zu ordnen war, waren wir im Gasthaus, später zogen wir in unser Marxzeller Häuschen, wo ich viel radierte.

Die Decken wurden heruntergeklopft, die morschen Balken ersetzt. Wir sahen jetzt, wie auch die Arbeiter sagten, daß wir schon lange der Einsturzgefahr ausgesetzt gewesen. Bei einer Stelle gerade über meinem Schreibtisch konnten die Arbeiter, die dort beschäftigt waren, sich mit knapper Not retten. Jetzt schreibe ich an der Stelle an meinem Lebenslauf.

Mitte September folgten wir der Einladung unserer Frankfurter Freunde Küchler, wir wohnten in ihrem gastlichen Hause, und ich fühlte wieder, wie sehr mir Frankfurt doch zur Heimat geworden war. Ich sah wieder, wie schön die Stadt und ihre ganze Lage und Umgebung ist, und die schönen Herbsttage wurden fleißig zu Ausflügen benutzt. Ein freund-licher Herr Abeles, der Besitzer des bemalten Café Bauer, stellte uns sein schönes Auto zur Verfügung, so daß wir auch die weitere Umgebung leicht wiedersehen konnten. Oberursel, Cronberg, Königstein usw. Das Maintal auf- und abwärts. Oft besuchte ich auch die Gräber, wo meine Vorausgegangenen nun schon ruhten, die Mutter und Cella, Gräber, die auch mich und Agathe einmal aufnehmen sollen. Das Wort Gottesacker klingt tröstlich, ich glaube, es ist den Bauernbegriffen entnommen, es schließt die Hoffnung auf Auferstehung in sich. Der Acker Gottes, Saat und Ernte sind damit umschlossen.

Diese Herbsttage in Frankfurt waren voll schwermütiger Erinnerung an vergangenes Erdenglück, so ferngerückt und doch durch die Wirklichkeit so gegenwärtig. Vielleicht läßt sich der Zustand, in dem ich mich befand, mit dem Wort: süße Wehmut ausdrücken.

Im November kam die Nachricht, daß die Wohnung wieder hergestellt sei, und wir sahen der nicht geringen Aufgabe entgegen, sie wieder einzurichten. Wir wollten, solange der Einzug währte, im Gasthaus wohnen. Aber am Bahnhof nahmen uns Friedrich Blaue und die kleine Isa in Empfang, und als sie uns in das bereitstehende Auto führten und ich sagte: »Ins Hotel Große«, so schmunzelte Isa gar geheimnisvoll und sagte, sie hätten jetzt eine bessere Wohnung für uns gefunden, wir sollten nur mitkommen, und so fuhren wir erwartungsvoll mit und das Auto fuhr direkt Hans-Thoma-Straße 2, in die alte Wohnung. Dieselbe war vollständig eingerichtet, und auf dem Tische dampfte der Tee. Unsere Ella und Friedrich hatten das ganze Einrichten besorgt, uns mit diesem Liebesdienst überrascht.

Ich freute mich so, daß ich nun gleich wieder an die Arbeit im Atelier gehen konnte.

25

Bei dem Suchen in meinem aufgehäuften Kram, um Belege und Notizen zur Geschichte meines Lebens aufzufinden, stoße ich auf so viele Zeichen treuer Freundschafts- und Liebesbezeigung, daß mich ein bitteres Gefühl beschleichen will, ich sei dafür nie dankbar genug gewesen, daß gar manche Seele, die sanft oder auch stürmisch mit ihrer Zuneigung sich mir genaht haben mag, wohl enttäuscht gewesen sein dürfte, und in meinem Wesen kalte Zurückhaltung, statt warme Dankbarkeit gefunden haben wird. Das wäre noch eine große Schlußabrechnung, aus der mir ein peinliches Gefühl übrigbleiben könnte.

Doch möchte ich hier sagen, daß ich ein dankbares Gemüt habe, daß ich all der freundlichen Menschen, die mir mit Gruß und Zuruf auf dem Wanderwege begegnet sind, in getreuer Dankbarkeit gedenke, daß ich jedem einzelnen meinen Dank zeigen möchte. Das geht aber nicht, es sind gar viele, und gar manche davon haben ihre Rechnungsbücher schon abgeschlossen und haben Feierabend gemacht und werden wohl sagen:»Lassen wir doch jetzt die Rechnerei!«

Jeder Mensch wird auf seinem Lebensweg viel Liebe erfahren müssen, wenn nicht, so stirbt er oder es stirbt etwas in ihm; aber auch, je greller das Licht ist, desto dunkler der Schatten, viel Haß. Der Menschenweg geht nun einmal zwischen den Gegensätzen hindurch, so muß er seinen ruhigen Weg finden. Jeder wird auch sein Teil Feindschaft erleben müssen, und wenn sie auch nur aus Platzmangel und Futternot herrührt, oft ist Feindschaft fast nur umgewendete Freundschaft, so sind sie oft miteinander gekoppelt. Wohl kann der Mensch froh sein, wenn er recht vielen Gleichgültigen begegnet, die ohne Liebe und ohne Haß an ihm vorüberziehen, die so wenig wie er belästigt sein wollen, die ihn stillschweigend gewähren lassen, wenn er Blumen pflücken will am Rande des Weges. Er verhalte sich nur recht still, daß sie nicht aufmerksam auf ihn werden. Oft hilft aber auch alle Stille nicht. Auch dadurch kann man auffallen, und es kann zum Vorwurf werden, daß man nicht mitmacht. Deshalb rät ein weises Sprichwort:»Man muß mit den Wölfen heulen!«

Wenn man von einem feindlichen Wolf angeheult wird, so dürfte es auch dem Stillen gut sein, wenn er auch ein wenig entgegenbellt. Der Wolf hält ihn dann für seinesgleichen und läßt ihn gelten. Jenseits von Liebe und Haß steht etwas, was ich Versöhnung nennen möchte. Beide können auf die Menschenseele zerstörend wirken, wenn sie zu ungemischt genommen werden. Versöhnung ist ein Zauberwort, das so schön klingt, das ich mir so gerne deuten möchte. Es beruht wohl auf dem hohen Erkennen, welches den wahren Sinn des Lebens ahnt, welches bei der Wahrheit steht und nun segnend die Hände hebt und spricht: Friede sei mit euch, es ist alles gut so, wie es geordnet ist.

Es ist aber jetzt Zeit, daß ich mein Schreiben vom Lebenslauf zum Abschluß bringe. Ich hätte wohl noch manches zu sagen, wie einem oft erst beim Abschiednehmen das noch

Hans Thoma in seinem Karlsruher Atelier um 1910
(Photographie)

einfällt, wenn es fast zu spät ist, was man dem Freund noch sagen wollte. So fällt mir noch vieles ein, was ich vergessen habe, aber auch vieles, was ich hätte weglassen können. Dann kommt auch der quälende Gedanke, ob es wohl der Mühe wert gewesen sein mag, dies Geschriebene zu lesen. Der Vernichtungsgedanke, der neben dem Menschenleben es bedrohend einherläuft, vielleicht als Hemmschuh gegen allzu große Verwichtigungsgefühle, will hier Platz greifen.

Aber dem sei jetzt wie es wolle. Ich will nichts mehr ändern; was ich geschrieben habe, habe ich geschrieben; ich kann ja auch nichts mehr ändern an dem, was und wie ich gelebt habe, das alles muß ich nun so dahinnehmen mit allen Unzulänglichkeiten, Ungeschicklichkeiten, Fehlern und Verzeichnungen, wie sie wohl öfters beim Entstehen von Menschenwerken mit entstehen. Es sind Dinge, die man durch Ausradieren nicht mehr verbessern kann.

Je mehr ich mit dem Schreiben meines Lebenslaufes in das hineinkomme, was wir Gegenwart, die Jetztzeit nennen, desto schwieriger wird für mich die Sache, desto weniger kann ich über Sachliches berichten. Es wird undeutlich, es verliert die Bedeutung, die man ihm beilegt. Das Alter ist weitsichtig geworden, es sieht nur noch gut die Dinge, die in der Ferne liegen, für die Nähe braucht es etwas wie eine Art von Brille. So kann es, wenn es erzählen will, zum Schlusse nur noch einen Nebel von Betrachtungen machen, hinter denen es zu verschwinden trachtet. Es wird auch von einer Sorge bedrückt, daß es aus der Einsamkeit, der es sich ergeben hat, gewaltsam herausgerissen werden könnte, und es kann das rauschende Leben nur noch schmerzlich empfinden. Es klammert sich an die Einsamkeit an, der es nun verfallen ist – und so wird aus einem alten Schwarzwälder zum Schluß ein Waldbruder, der in das große Geheimnis der Natur versinken will. Und seine letzte Stimme kann nur noch zu einem dankbaren Lobgesang werden an den lebendigen Gott, von dem er stammt, der seine Wege geleitet und zu dem er nun bald wieder heimkehren darf, in der freudigen Hoffnung auf dessen ewige Liebe und Barmherzigkeit. Wesenlos wird ihm das Menschenleben, der Jammer, mit dem sie sich plagen, den er nicht mehr versteht, er flüchtet sich zur Liebe hin, die am Kreuz noch ihre Arme ausbreitet mit dem Versöhnungsruf: Es ist vollbracht!

Einsiedlers Nachtlied

Einsam wandle ich im Dämmerschein;
Die Welt wird still, bald bricht die Nacht herein.
Die Sonne sank, der Mond verlor den Schein;
Der Seel' wird bang beim Wandern in die Nacht hinein.
Es fallen ihr vom Sehen nun die Augen zu.
Ob sie sich wehrt, sie muß nun doch zur Ruh;
Dem Spiel mit ihren schönen Siebensachen
Wird der tiefe Schlaf ein Ende machen.
Aus ist bald ihr Weinen, kein Licht will ihr mehr lachen;
Zu Verwesung nimmt den Leib des Grabes Rachen.
O Herr des Lebens, nimm mich nun ganz mit dir,
Sei Du mein ewig Licht so dort wie hier.
Mein Gott, Du darfst mich nicht verlassen,
Du sollst meine Seel' in Deine Hände fassen.
Du, meine Sonn', wirst nie mehr untergehen,
Mein Mondschein bleibst in meiner Nacht bestehen.
Zum Herrn des ew'gen Lichts geht nun die Seele ein;
Durch dunkles Tor da wird sie frei aller Erdenpein.
Aus der Heimat fern kommt's schon wie Morgenschein;
Die Leidenstage enden. In Gottes Ruh' wird's lieblich sein.

Editorische Notiz

Die Orthographie der Neuedition entspricht dem Text der in
Jena im Jahr 1919 erschienenen Erstausgabe. Lediglich die
Interpunktion und die Schreibweise der Umlaute wurde aus
drucktechnischen Gründen moderner Praxis angepaßt.

Die Abbildungen sind nicht identisch mit denjenigen der
Ausgabe von 1919.

Diese Publikation wurde durch die großzügige Unterstützung
folgender Institutionen und Privatpersonen ermöglicht:

Dr. Karl F. Becker, Bernau
Bezirkssparkasse St. Blasien
Prof. Dr. Albin Eser, Freiburg
Gemeinde Bernau
Bruno Kaiser, Bernau
Josef Kaiser, Bernau
Heinz-Walter Kistler, Bernau
Kristine Kolbecker, Gaggenau
Landkreis Waldshut
Hans Mayer, Waldshut-Tiengen
Ulrich Raabe, Freiburg
Ernst Spiegelhalter, Bernau
Edwin Thoma, Bernau
Hans Thoma, Bernau
Volksbank Rhein-Wehra